Unternehmen Arche Noah

Das Buch nach der NDR-Fernsehserie

Georg von Rönn

UNTERNEHMEN ARCHE NOAH

Naturschutzabenteuer in Europa

Georg von Rönn

UNTERNEHMEN ARCHE NOAH

Naturschutzabenteuer in Europa

Das Buch nach der
NDR-Fernsehserie

Otto Maier Ravensburg

Der Autor
Georg von Rönn, Jahrgang 1948, Absolvent der Fachhochschule für Kunst und Gestaltung, Redakteur in der Hauptabteilung Kultur und Wissenschaft des Norddeutschen Rundfunks mit ausgeprägter Liebe zur Biologie ...

Ich danke meiner Frau Susanne, die mich nicht nur stets bei meiner Arbeit unterstützte, sondern es darüberhinaus verstanden hat, mir Mut zu machen, wenn die Schwierigkeiten unüberwindbar schienen. Mein Dank gilt auch Dietze Petersen.

Für ihren fachlichen Rat danke ich Dr. Dirk Blumenberg, Petra Deimer, Wolfgang Dietzen, Dr. Hans Frey, Jürgen Holzhausen, Dr. Wilfried Knief, Thomas Neumann, Dr. Peter Prokosch und Prof. Dr. Ernst Schaak.

CIP-Titelaufnahme der Deutschen Bibliothek

Rönn, Georg von:
Unternehmen Arche Noah: Naturschutzabenteuer in Europa ; Das Buch nach der NDR-Fernsehserie / Georg von Rönn. – Ravensburg : Maier, 1989
ISBN 3-473-46168-7

Umschlaggestaltung: Ekkehard Drechsel
Umschlagfotos: Georg von Rönn
Gesamtherstellung: Appl, Wemding
Printed in Germany

92 91 90 89 4 3 2 1

ISBN 3-473-46168-7

Für unsere Kinder

Und Gott sprach: Es wimmle das Wasser von lebenden Wesen, und Vögel sollen fliegen über der Erde! Gott schuf die großen Seetiere und alles, was da lebt und webt. Und Gott sah, daß es gut war. (1. Buch Mose 1,20–21)

Und Gott der Herr
nahm den Menschen
und setzte ihn in den
Garten Eden, daß er ihn
bebaue und bewahre.
(1.Buch Mose 2,15)

Als der Herr sah, daß
der Menschen Bosheit
groß war und daß alles
Dichten und Trachten
ihres Herzens die ganze
Zeit nur böse war, da
reute es den Herrn,
daß er den Menschen
geschaffen hatte, und es
bekümmerte ihn tief.
(1. Buch Mose 6,5–6)

Und der Herr sprach zu Noah: Gehe in die Arche und nimm mit dir von allen Tieren je ein Paar, damit auf der Erde Nachwuchs am Leben bleibe. Denn ich will es regnen lassen auf die Erde vierzig Tage und vierzig Nächte lang. (1.Buch Mose 7,1–4)

Und Gott segnete Noah und seine Söhne und sprach zu ihnen: Seid fruchtbar und mehret euch und füllet die Erde! Furcht und Schrecken vor euch komme über alle Tiere der Erde, über alle Vögel des Himmels, über alles was auf Erden kriecht und über alle Fische im Meer. (1.Buch Mose 9,1–2)

INHALT

Nach dem Bundesnaturschutzgesetz ist es verboten, in ihrem Bestand gefährdete Tiere an ihren Nist-, Brut-, Wohn- oder Zufluchtstätten durch Fotografieren oder Filmen zu stören. Gerade Menschen, denen das Schicksal der Tiere nicht gleichgültig ist, sollten diese Vorschriften akzeptieren. Wir würden sonst selber schuldig an unserer hochbedrohten Natur. Wenn in diesem Buch trotzdem Tiere in sensiblen Bereichen gezeigt werden, dann sind diese Aufnahmen zum Teil schon entstanden, bevor das Gesetz in Kraft trat, zum Teil wurden sie aber auch mit einer Ausnahmegenehmigung der zuständigen Behörden aufgenommen. Dabei war durch eingehende Beratung mit ortskundigen Biologen und oft mit erheblichem Aufwand sichergestellt, daß die Tiere nicht beunruhigt wurden. Ich glaube, diese Ausnahmen auch vor mir selbst rechtfertigen zu können, denn Sie, meine vielen an Naturschutzfragen interessierten Leser und Zuschauer, müssen wissen, wofür wir uns gemeinsam einsetzen. Sie sollen die Tiere, die sich unseren Blicken meist geschickt entziehen, wenigstens auf lebensnahen Abbildungen vor sich sehen.

Einführung

VOR UNS DIE SINTFLUT?

Ich habe tote Bäume gesehen,
ich habe tote Vögel gesehen,
ich habe tote Fische gesehen,
und ich habe tote Seehunde gesehen.
Aber ich habe auch Menschen gesehen,
die Archen bauten.

Es war doch immer bergauf gegangen, warum sollte es nicht so weitergehen? Unsere Väter hatten für den Wiederaufbau die Ärmel hochgekrempelt und unversehens ein Wirtschaftswunder geschaffen. Man wollte im Kriege Versäumtes nachholen und machte sich um negative Begleiterscheinungen der industriellen Entwicklung keine Gedanken. Damals hat es wohl angefangen. Zuerst fiel nur der jährlich geringere Stammzuwachs der Bäume auf, aber diese Anzeichen des beginnenden Vitalitätsverlustes konnte noch keiner so richtig deuten. 10 Jahre später waren die Schäden dann nicht mehr zu übersehen. Den Tannen, Fichten und Kiefern gingen die Nadeln aus, die einst mächtigen Blätterdächer alter Buchen und Eichen wurden immer lichter. Das Waldsterben griff um sich. Die bis dahin unbekannten Krankheitsbilder wurden bald überall in Mitteleuropa beobachtet, und Wissenschaftler warnten vor dem Zusammenbruch des biologischen Systems der Wälder, ja sogar vor schweren Schäden an der Vegetation schlechthin.

Doch der Fortschrittsglaube war ungebrochen. Man wollte die Sache in Ordnung bringen und forschte mit Nachdruck, um die Ursache zu finden. Vergeblich. Bis man darauf kam, daß es eine einzelne Ursache gar nicht gab.

Heute weiß man: Der Wald leidet an einer Komplexkrankheit. Pflanzen und auch die komplizierteren, vielfach vernetzten biologischen Systeme wie der Wald reagieren in gewissen Grenzen flexibel auf sich verändernde Umweltbedingungen. Aber eben nur innerhalb dieser Grenzen ihrer Belastbarkeit. Durch die tonnenweise aus Schloten und Auspuffrohren quellenden Schadstoffe, durch die Summe all der Luftverschmutzungen, die für dichtbesiedelte Industriestaaten typisch sind, scheinen nun geradezu lebensfeindliche Bedingungen geschaffen, auf die sich Pflanzen nicht mehr einstellen können. Sie sterben einen langsamen Tod, einen Tod, der durch einen Komplex verschiedener Krankheiten verursacht wird, an deren Ablauf mehrere Schadursachen beteiligt sind, die gleichzeitig oder nacheinander angreifen (1).

Nachdem wir diese Zusammenhänge eben begriffen hatten und der bis dahin unerschütterliche Fortschrittsglaube von Zweifeln bedrängt wurde, weil das Waldsterben auch nach Jahren nicht in den Griff zu bekommen war, erreichten uns neue Hiobsbotschaften: Die Medien lieferten die schrecklichen Bilder vom qualvollen Sterben der Seehunde frei Haus. Hilflos mußten wir mit ansehen, wie eine rätselhafte Krankheit innerhalb weniger Monate fast den gesamten Bestand der Tiere dahinraffte. Und wieder setzte die fieberhafte Suche nach der einen, alles erklärenden Ursache ein, wieder dieser naive Aktionismus, der aus verständlicher Angst vor kaum zu ertragender Wahrheit geboren ist.

Wir sind es. Wir sind es auch dieses Mal. Wir haben den Seehund, der uns so treu aus seinen großen Augen anschaut, auf dem Gewissen. Er ist das erste Opfer unter den hochentwickelten Säugetieren, das den Giftfluten, die wir in die Flüsse und Meere einleiten, nicht mehr standhalten kann. Das Immunsystem der Tiere ist durch Chlorkohlenwasserstoffe und Schwermetalle so stark geschädigt, daß es angreifenden Krankheitskeimen praktisch nichts mehr entgegenzusetzen hat. Keiner kann sagen, ob die Seehunde sich je von dieser Katastrophe erholen werden, denn die Meeresverschmutzung wirkt weiter auf die Tiere ein. Sie läßt sich in Jahrzehnten nicht rückgängig machen. Meeresbiologen weisen darauf hin, daß Seehunde dem Menschen biologisch sehr ähnlich sind. Werden wir die nächsten Opfer einer rätselhaften Seuche sein?

◁ Immer schneller, immer mehr: Die Wohlstandsgesellschaft droht an ihrem Müll zu ersticken.

Waldsterben, trotz aller Anstrengungen bisher noch nicht aufzuhalten.

In jedem Fall ist das medienwirksame Sterben der Seehunde nur der vorläufige Höhepunkt einer sich seit Jahren zuspitzenden ökologischen Krise der großen Flachmeere Europas. Die Nordsee und die Ostsee sind inzwischen so schwer angeschlagen, daß ihr baldiger Zusammenbruch befürchtet werden muß.
Im westlichen Europa sind derzeit rund 200 Pflanzen- und Tierarten akut vom Aussterben bedroht. Es stirbt der Wald. Es stirbt das Meer. Und über allem tut sich das Ozonloch auf, kündigen sich Klimaveränderungen an, als deren Folgen sich einerseits die Wüsten einige hundert Kilometer nach Norden ausdehnen, und andererseits ganze Küstenregionen im Meer versinken werden. Die Biosphäre, diese dünne Schicht rund um den Erdball, in der allein Leben möglich ist, verliert mit erschreckender Geschwindigkeit an Qualität.
Und was tun wir? Wohl haben wir nach viel zu langen Debatten halbherzig den einen oder anderen Schritt in die richtige Richtung getan. Aber im großen und ganzen gilt doch, was die Zeitschrift »Natur« über das europäische Umweltjahr schrieb: Es war, hieß es da, nichts anderes als Spiegelfechterei (2). Denn wir vergiften weiterhin die Luft, die wir atmen, und das Wasser, das wir trinken. Nach uns die Sintflut!

Der Herr sah, daß der Menschen Bosheit groß war

Die biblische Sintflut war ja eine Strafe Gottes. Denn er hielt die Menschen für abgrundtief böse (3). Und manche Nachricht, die man heute so hört oder liest, scheint diese vernichtende Einschätzung des menschlichen Charakters, die die Verfasser der biblischen Texte ihrer Gottesfigur immerhin schon vor rund 3000 Jahren unterstellten, in drastischer Weise zu bestätigen.
Da wird zum Beispiel ein baden-württembergisches Unternehmen erwischt, das versucht hatte, 1500 Tonnen Giftmüll als Brennstoff deklariert an ein türkisches Zementwerk zu verkaufen. Das ist eindeutig kriminell. Nicht so eindeutig liegt der Fall, wenn Hersteller von Pflanzenschutzmitteln ihre hochgiftigen Präparate, deren Anwendung in europäischen Ländern lange verboten ist, gewinnbringend in unterentwickelte Länder exportieren. Dort hantieren häufig Analphabeten in gutem Glauben und ohne jeden Schutz mit den teuflischen Substanzen, und am Ende kehrt das Gift, von dem wir ganz naiv annahmen, es sei in der dritten Welt aus der Welt, mit dem von dort importierten Tee, mit Obst und Gemüsen doch auf unseren Tisch zurück.
Für die Zugvögel bahnt sich eine Katastrophe an, seit die Geschäfte der Chemiekonzerne auch in Afrika blühen. Nachdem die Lebensbedingungen der Vögel in ihren Brutgebieten in Mittel- und Nordeuropa schon seit Jahrzehnten schlechter wurden, kehren nun auch immer weniger von ihnen aus dem afrikanischen Winterquartier zurück. Ob in

Tausende hochgradig mit Umweltgiften belastete Seehundskadaver wurden zu Schweine- und Hühnerfutter verarbeitet.

Europa oder in Afrika, der Einsatz von Agrochemikalien spielt dabei eine wichtige Rolle. Durch sie wird nicht selten die Nahrung der Vögel vergiftet.

Den Bauern hierzulande sagen inzwischen selbst Minister nach, daß sie für die Umweltkrise mitverantwortlich sind. Vor allem diejenigen, die auf engstem Raum große Tierbestände halten, gelten als Brunnenvergifter, die nicht innehalten wollen, Gülle oder gefährliche Pflanzenschutzmittel über ihrem Land auszuschütten, obwohl das Grundwasser ohnehin schon gefährlich hoch belastet ist. Hunderte von Brunnen mußten deshalb bereits geschlossen werden. Experten warnen vor dem allgemeinen Trinkwassernotstand.

Es gibt sie bestimmt, die Schurken und skrupellosen Geschäftemacher, denen mit Geld die Achtung vor der Natur, ja sogar vor der Gesundheit und dem Leben anderer Menschen abzukaufen ist. Aber haben sie ihr Spiel allein gespielt, ganz allein die Erde zugrunde gerichtet?

»Mein kleiner Sohn ißt für sein Leben gern Bonbons und Schokolade. Wenn wir ihn lassen, ißt er soviel davon, daß ihm schlecht wird und er sich übergibt. So gilt unser Blick, wenn wir zu Freunden oder zu Verwandten kommen, immer den kleinen Schälchen, die in guter Absicht für die Kinder bereitgestellt werden, und manchmal gelingt es uns, die problematischen Aufmerksamkeiten unauffällig beiseite zu schaffen. Wenn unser Sohn die Süßigkeiten zuerst entdeckt hat, bleibt uns nur der Appell an die Vernunft. Wir reden auf ihn ein, malen ihm die schrecklich schmerzhaften Konsequenzen aus und beobachten ihn aufmerksam, während er um das ›süße Gift‹ herumschleicht. Erfreut nehmen wir schließlich zur Kenntnis, wie er sich interessiert anderen Dingen zuwendet: So klein, und doch schon so vernünftig. Wir können uns erleichtert unseren Freunden zuwenden.

Es kommt allerdings vor, daß unser vernunftbegabter Sohn Stunden später von Bauchschmerzen geplagt als bemitleidenswertes Häufchen Elend erneut die Aufmerksamkeit der gesamten Gesellschaft auf sich zieht. Er hat seine Begabung nicht nur dafür eingesetzt, unbemerkt an Bonbons und Schokolade zu kommen, sondern er hat sich auch ein paar passende Entschuldigungen zurechtgelegt. Neben dem Mitleid kann er gleich noch eine ordentliche Portion Anerkennung verbuchen.«

Etwas von dieser naiven Cleverness und von der kindlichen, durch Argumente nicht aus der Welt zu schaffenden Sucht nach Schokolade haftet uns wohl allen an. Ex und hopp, morgen sehen wir weiter. Und um im Bilde zu bleiben: Wir können weder die Schokolade bezahlen noch den Arzt, der uns den Magen wieder einrenken soll. So sind wir am Ende Täter und Opfer zugleich, und wir müssen uns in dieser tragischen Doppelrolle schon die Frage gefallen lassen, ob wir eigentlich je richtig erwachsen werden, ob wir überhaupt in der Lage sind, die mit unserer Freiheit verbundene Verantwortung zu tragen.

Täter und Opfer zugleich

Niemand kann heute noch sagen, er habe nicht gewußt, daß es 5 vor 12 ist, er habe nicht gewußt, was er hätte tun sollen. Denn die Medien liefern gerade zu diesem Thema eine wahre Flut von Informationen. Allein die Bücher füllen inzwischen schon ganze Regalwände. Wenn die vielleicht alles entscheidende Bewußtseinsveränderung der Menschen trotzdem nur im Schneckentempo vorankommt, dann kann man das sicher nicht allein durch Bequemlichkeit und Verdrängungsmechanismen erklären. Es muß noch andere Gründe dafür geben, daß die wenigen, die beginnen, sich zaghaft zu ihrer Verantwortung zu bekennen, immer noch mit dem Spott derer rechnen müssen, die offenbar entschlossen sind, die Umweltkrise als hochgespielte Bagatelle anzusehen, die wir, wie alle anderen Probleme auch, in den Griff bekommen werden.
Schon in grauer Vorzeit wähnte sich der Mensch stets im Mittelpunkt des Geschehens. Wenn irgendwo ein Blitz einschlug, nach tagelangen Regenfällen Berghänge ins Rutschen kamen und ganze Landstriche unter Wasser standen, dann wurden solche Ereignisse nicht schlicht als das genommen, was sie waren, als Naturkatastrophen nämlich, sondern sie erhielten in der Vorstellung des Menschen erst durch seine eigene Existenz ihren Sinn und wurden folglich als Strafe der Götter angesehen. Auch die Verfasser der biblischen Texte folgten diesem Denkmodell und trugen dadurch ganz erheblich zur heutigen Krise bei. Wann immer Christen der Natur schwere Wunden schlugen, die Bibel und gerade die Sintflutgeschichte lieferte ihnen die scheinheilige Rechtfertigung dafür.
Nachdem Noah mit Hilfe seiner Arche eben den Untergang allen Lebens auf der Erde verhindert hatte, sollen er und seine Familie einen göttlichen Auftrag erhalten haben: Ihr nun, seid fruchtbar und mehret euch, heißt es im 1. Buch Mose (4), breitet euch aus auf der Erde und herrscht über sie!
Dieser Satz und der Umstand, daß im römischen Recht die Natur, die Pflanzen

Schnell mal die Tanks gespült: Schon durch die alltägliche Verunreinigung des Meeres verenden Zehntausende von Seevögeln jährlich.

Durch Menschenhand verunstaltet: Täglich werden etwa 100 Hektar freier Fläche für Häuser, Fabriken, Straßen, Parkplätze, Bahn- oder Flugplatzanlagen geopfert.

Kollaps: Durch Überdüngung des Wassers und daraus folgender Sauerstoffzehrung kommt es immer wieder dazu, daß Fische gleich massenhaft ersticken.

und die Tiere als Sachen bezeichnet und damit den toten Gegenständen gleichgesetzt werden, beeinflußten die Entwicklung in der gesamten christlichen Welt. Über Jahrtausende hat der Mensch gehandelt, als sei die Erde ausschließlich zu seinem Nutzen geschaffen, und folgerichtig galt dann auch die technische Entwicklung als Kind des Christentums. Es gab Theologen, die glaubten, der Mensch sei berufen, an der Vollendung der göttlichen Schöpfung mitzuwirken, und es gab Philosophen, die den Menschen selbst als Schöpfer sahen, der alles erkennt und alles kann. Für den Franzosen Descartes z.B. war die Natur seelenloser Ausgangsstoff, der nur darauf wartete, durch den Menschen in eine störungsfrei laufende Maschine verwandelt zu werden (5).
Wo sind die Grenzen der Überheblichkeit? Wer traut sich nach Tschernobyl, nach den verheerenden Brandkatastrophen in den Lagerhallen des Chemiegiganten Sandoz oder auf der Ölförderplattform Piper Alpha noch zu sagen, er könne eine störungsfrei laufende Maschine bauen? Seit die Folgen der nur in Ansätzen verwirklichten Descartes'schen Verwandlung uns schmerzlich treffen, sind wir kritischer geworden. Haben die Verfasser der biblischen Texte es denn wirklich so gemeint?
Die Frage ist einfach zu beantworten: Sie haben nicht darüber nachgedacht. Dabei erlebte die zerstörerische Ausbeutung der Natur, noch bevor die Bibel geschrieben war, einen ihrer ersten Höhepunkte. Rund um das Mittelmeer wurden ganze Wälder zu Schiffsrümpfen verarbeitet oder in Erzschmelzen und Ziegelbrennereien verheizt. Wo der Wald abgeholzt war, erledigten die Erosionskräfte den Rest. Im ständigen Wechsel von Sonne, Wind und Regen wurde der Boden innerhalb weniger Jahre bis auf den blanken Fels abgetragen. Die Zerstörung war endgültig.
Aber was machte das schon? Man konnte leicht ausweichen. Das hatten die Nomadenvölker schon seit Zehntausenden von Jahren so gemacht. Wald und fruchtbares Land gab es mehr als genug. Daß diese Schätze der Natur, ja, daß selbst saubere Luft und sauberes Wasser einmal zur Mangelware werden könnten, war für die Menschen jener Zeit einfach unvorstellbar. Sonst wäre

der biblische Herrschaftsauftrag ganz sicher anders formuliert worden.
Immerhin hat die Kirche die Zeichen der Zeit erkannt. Viele Theologen bemühen sich um eine neue, ökologische Bibelauslegung und stellen klar, daß diejenigen, die heute noch den Anspruch erheben, alles zu dürfen, was Menschen können, schlicht und einfach kriminell sind (6). Der biblische Herrschaftsauftrag bleibt bestehen, aber mit der Übertragung der Entscheidungsgewalt auf den Menschen wird nun stets auch die Übertragung der Verantwortung für alles Schwächere verbunden (7).

Eine ganz alltägliche Geschichte

»Kürzlich beobachtete ich, wie unser Nachbar für seinen dreijährigen Sohn Moritz ein Kinderhaus baute. Es war ein recht umfangreiches Bauvorhaben, denn das Haus, auf dessen Dach eine Aussichtsplattform thronte, sollte auch noch von einer Sandkiste umgeben sein. Der Mann gab eine Menge Geld für Holz, Nägel, Schrauben und den Sand aus, und er arbeitete mehrere Tage voller Eifer. Er überlegte genau, wo Unfallgefahren lauerten, montierte schützende Geländer, rundete die Ecken der Hölzer und suchte überall nach spitzen Nägeln oder Schrauben, an denen man sich die Haut ritzen könnte. Die Kinder der Nachbarschaft, auch unsere, beobachteten die Bauarbeiten mit großer Neugier und konnten es kaum erwarten, zur Einweihung des neuen Spielplatzes eingeladen zu werden. Aber daraus wurde dann nichts.
Um seiner Arbeit Bestand zu geben, hatte unser Nachbar das Kinderhaus am Ende mit einem Holzschutzmittel gestrichen, mit einer giftigen Farbe, die Moos, Pilzbewuchs und holzfressende Insekten töten sollte. Doch leider läßt sich die Wirkung solcher Farben nicht auf Moos und Pilze und Schadinsekten begrenzen.«

Chlorkohlenwasserstoffe – Killer erster Klasse

Viele von ihnen sind unverwüstlich und extrem giftig: Das Supergift Dioxin zum Beispiel gehört dazu. Es wirkt über Jahrzehnte und ist etwa 1000mal giftiger als Zyankali. Dioxin fällt bei der Herstellung anderer chemischer Substanzen als Abfall an, und es taucht als ungewollte und in der Regel verbotene Verunreinigung in allen möglichen Produkten auf.
Nicht alle Chlorkohlenwasserstoffe sind so gefährlich wie Dioxin. Aber was heißt das schon? Zehnmal oder zweimal so giftig wie Zyankali, oder auch nur halb so giftig, das reicht ja auch noch!
Die Anwendungspalette der Chlorkohlenwasserstoffe ist außerordentlich breit gefächert: Sie werden als sogenannte Biozide gehandelt, als lebentötende Patentmittel gegen Schadinsekten, Pilze und Unkräuter, und sie werden wegen ihrer Giftwirkung auch Holzschutzmitteln, Farben und vielen anderen industriell gefertigten oder bearbeiteten Produkten zugesetzt. So sind sie in Konservierungsstoffen für Leder, Papier, Kosmetika und Seife enthalten, aber auch in Möbelhölzern und Holzvertäfelungen. Bei einer Untersuchung kam heraus, daß sogar als naturbelassen verkauftes Holz intensiv mit giftigen Chlorkohlenwasserstoffen behandelt war (8). Darüber hinaus sind die problematischen Substanzen in Lösungs-, Reinigungsmitteln und Kunststoffen enthalten und in Mengen, die nach Hunderttausenden von Tonnen pro Jahr gezählt werden, in der Abluft und den Abwässern der chemischen Industrie.
Obwohl Chlorkohlenwasserstoffe erst seit den 40er Jahren in großtechnischem Maßstab hergestellt werden, sind sie bereits überall auf der Erde verteilt. Man findet sie in mehreren tausend Metern Höhe in der Atmosphäre, in der Atemluft, im Eis der Pole, im Meer, im Trink-

Schwedische Bauern, die auf ihren Feldern chemische Schädlingsbekämpfungsmittel einsetzen, erkranken überdurchschnittlich häufig an Krebs. Das ergaben zwei voneinander unabhängige Forschungsprojekte in Schweden (9).

wasser, in Wüsten, Wäldern und auf Feldern, auf und im Gemüse. Sie reichern sich im fetthaltigen Körpergewebe von Tieren und Menschen an und sind in bedenklicher Konzentration sogar in der Muttermilch enthalten.

Die Liste von Beschwerden und Krankheiten, die durch geringste Mengen giftiger Chlorkohlenwasserstoffe hervorgerufen werden können, ist ebenso umfangreich wie erschreckend: Von anhaltendem Kopfschmerz und Brechreiz über Leber-, Nieren- und Nervenschäden, Knochenmarksschwund und Veränderungen des Erbguts bis zum Krebs ist alles drin. Hinzu kommt der Verdacht, daß Chlorkohlenwasserstoffe das Immunsystem von Tieren und Menschen schädigen und sie ihres körpereigenen Schutzschildes gegen Viruserkrankungen berauben. Dieser Effekt könnte beim Robbensterben eine Rolle gespielt haben.

Die Supergifte werden uns noch eine Weile erhalten bleiben, selbst wenn ihre Produktion morgen eingestellt würde. Denn Chlorkohlenwasserstoffe sind biologisch kaum abbaubar.

»Wir hatten Angst um die Gesundheit unserer Kinder, wir hatten Angst, daß sie noch mehr als ohnehin schon von dem gefährlichen Gift einatmen oder durch ihre Haut aufnehmen würden. So hat der kleine Moritz sein Kinderhaus allein in Besitz nehmen müssen. Und dabei ist es doch das schönste Kinderhaus weit und breit.«

Und Moritz' Vater? Hat er das alles nicht gewußt? Er hätte es wissen können und wohl auch wissen müssen, denn er ist ein belesener und im allgemeinen gut informierter Mann. Und dennoch scheint er, scheinen mit ihm erschreckend viele Menschen der fortschreitenden Zerstörung unserer Umwelt und den wachsenden Gefahren auch für uns selber gleichgültig zu begegnen? In der kleinen, tragischen Geschichte aus der Nachbarschaft steckt vielleicht der Schlüssel zum Verständnis der erdumspannenden ökologischen Krise. Denn eines haben die kleinen und die großen Tragödien gemeinsam: Die Zusammenhänge sind so kompliziert, die Sachverständigengutachten so widersprüchlich, daß wir immer mehr die Orientierung verlieren. Kaum einer, der angesichts der komplexen Probleme die Frage nach Ursache und Wirkung noch beantworten kann. Moritz' Vater, du und ich, selbst Wissenschaftler, Philosophen und Politiker sind durch die rasante technische Entwicklung der Neuzeit einfach überfordert.

Als Wissenschaftler vor rund 50 Jahren die Chlorkohlenwasserstoffe entdeckten – einer der ersten war das Insektenvernichtungsmittel DDT –, da war die Euphorie groß. Und da nur Insekten unmittelbar nach der Behandlung mit DDT tot umfielen, machte man sich über die Wirkungen auf höhere Tiere und Menschen weiter keine Gedanken. Das Mittel wurde nicht nur großflächig in der Landwirtschaft eingesetzt, sondern den Soldaten der alliierten Heere auch zur Entlausung empfohlen. Erst viele Jahre später, als die gefährlichen Nebenwirkungen des DDT nicht mehr zu leugnen waren, wurde das Insektenvernichtungsmittel verboten.

Inzwischen hat die Industrie Tausende neuer chemischer Verbindungen auf den Markt gebracht. Und während Chemiker noch nicht einmal wissen, wie die meisten dieser Substanzen untereinander reagieren, geschweige denn, wie sie auf Pflanzen, Tiere und Menschen wirken, machen Bioingenieure und Elektroniker schon mit neuen Entdeckungen von sich reden. Die einen versuchen, selber Pflanzen und Tiere herzustellen, bessere als die Evolution es in Millionen von Jahren vermochte, die anderen wollen künstliche Intelligenz schaffen, Computer und Roboter, die aus ihren Fehlern lernen und mehr Informationen in kürzerer Zeit verarbeiten, als es je ein Mensch konnte. Vermutlich werden Wissenschaftler auch dieses Mal handeln, bevor Klarheit über die Folgen ihres Tuns besteht, und es ist zu befürchten, daß Politiker sich auch dieses Mal durch die Macht der Wirtschaft gedrängt fühlen, Entscheidungen zu treffen, die noch lange nicht entscheidungsreif sind.

Nach uns die Sintflut? Es könnte sein, daß wir sie unmittelbar vor uns haben, daß wir die Katastrophe noch miterleben werden. Denn die Flut der Probleme schwillt scheinbar unaufhaltsam an.

Und doch gibt es Menschen, die sich nicht aus der Ruhe bringen lassen und gleich Noah Archen bauen, um unsere Zukunft zu sichern. Von ihnen will ich in diesem Buch berichten, von meinen Freunden überall auf der Welt, die sich abmühen, um Pflanzen und Tieren den Lebensraum und damit letztlich auch uns Menschen die Lebensgrundlage zu erhalten. Sie haben den wichtigsten Schritt getan: Sie haben erkannt, daß der Mensch ein Teil der Natur ist und mit ihr lebt oder gegen sie untergeht.

Naturschutzabenteuer in Europa

VOGELMORD
ALS VOLKSSPORT?

Zwischen Sizilien und der afrikanischen Küste liegt der kleine Inselstaat Malta. Er ist ein wichtiger Rastplatz der Zugvögel. Für viele von ihnen endet die Reise allerdings vorzeitig dort. Sie geraten in die Fallen der Vogelfänger oder ins Sperrfeuer der Jäger.

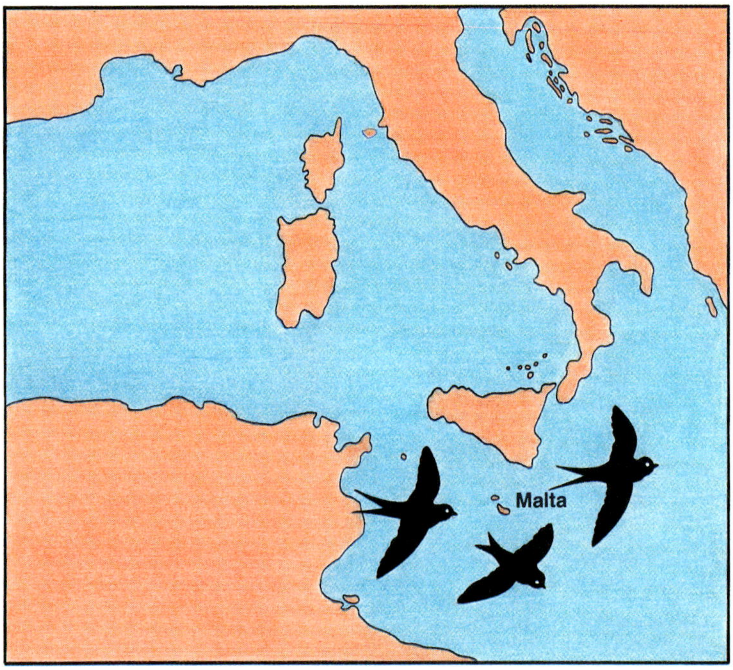

Der Vogelmarkt von La Valletta: Geschäfte, bei denen Männer lieber unter sich bleiben.

»Sonntag morgen, es ist Markt in Maltas Hauptstadt La Valletta. Menschenmassen schieben sich zwischen den Ständen hindurch. Mancher Mitteleuropäer preßt aus Angst vor Dieben seine Handtasche oder seine Kamera fester an den Körper. Das Angebot ist bunt, wie auf allen Märkten der Welt. Neben lebenden Hunden, Küken und Kaninchen kann man Obst, Gemüse, Hemden, Hosen und mehr oder weniger nützliche Haushaltsgeräte kaufen. Über allem dröhnt der stampfende Rhythmus neuester Popmusik amerikanischen Ursprungs. Die ohrenbetäubenden Hörproben scheinen den Verkauf der Kassetten zu fördern.

Geschäfte unter Männern

Ein bißchen abseits, mehr im stillen und sehr früh am Morgen, werden Geschäfte unter Männern gemacht; Geschäfte, die in den letzten Jahren zunehmend ins Kreuzfeuer öffentlicher Kritik geraten sind. So müssen sich Fremde mißtrauische Blicke gefallen lassen, und als wir gar mit der Filmkamera auftauchen, verlangen die sonst sehr offenen und gastfreundlichen Malteser Auskunft über die Absichten unseres Films. Wir sind auf dem Vogelmarkt.

Hunderte kleiner Käfige stapeln sich auf Autokühlerhauben, in geöffneten Kofferräumen oder von Kauflustigen umringt auf dem Boden. Mit Kennermiene taxieren die Männer die aufgeregt zwischen den Gitterstäben herumflatternden Vögel. Es sind fast ausschließlich Finken: Girlitze, Stieglitze, Hänflinge, Grünfinken, Buchfinken und Kernbeißer. Manche von ihnen sehen arg zerfleddert aus. Sie haben sich die Stirn und die Federn an den Gitterstäben zerschunden, denn die Käfige sind so eng, daß die Vögel ihre Flügel kaum richtig entfalten können.

Wenn Käufer und Verkäufer sich nach langem Palaver in ihrer gutturalen, stark

Girlitze und Finken, während des Vogelzuges eingefangen und für den Rest ihres Lebens in einen engen Käfig gepfercht.

Aufkleber aus einer Kampagne, die Malteser Vogelschützer jedes Jahr wieder zum Schutz des Rotkehlchens organisieren.

an das Arabische erinnernde Sprache einig sind, wird die Ware ›fachgerecht‹ verpackt. Den Vogel in der einen Hand, angelt der Händler mit der anderen eine kleine braune Papiertüte aus dem Auto und bläst sie auf, als wäre es ein Luftballon. Dann hält er sie sich vors Gesicht, brennt mit der Zigarette ein Atemloch ins Papier, steckt den Vogel kopfüber ins knisternde Behältnis und verschließt es mit einer kräftigen Drehung. Der Käufer läßt die Tüte anschließend beiläufig in der Brusttasche seines Oberhemdes verschwinden, ganz so, als handele es sich um ein Päckchen mit Briefmarken, das er eben günstig erstanden hat.«

Millionen Finken Jahr für Jahr

Rund 15 000 Vogelfänger gibt es auf Malta, 4 000 haben eine Fanglizenz, 11 000 stellen ihre Netze illegal. Und alle zusammen fangen sie 3 bis 4 Millionen Finken Jahr für Jahr. Ausgesucht schöne Vögel mit kräftiger Stimme bringen dem Fänger gutes Geld. Drei-, vier-, ja sogar sechshundert DM für einen einzigen Grünfinken oder einen Kernbeißer sind keine Seltenheit. Die schönen Sänger fristen ihr weiteres Leben dann sozusagen im goldenen Käfig, wohlbehütet als Hausgenossen gut betuchter Vogelliebhaber. Die anderen Vögel aber, die unscheinbaren und verletzten, die nur Pfennigbeträge bringen oder bestenfalls ein paar Mark, die werden bis an ihr Lebensende als Lockvögel beim Fang ihrer Artgenossen assistieren müssen.

Neben den Finken finden sich in der jährlichen Fangstatistik auch noch einige hunderttausend Rotkehlchen, die ihr Leben lassen müssen, um Kindern die Langeweile zu vertreiben. Da nützt es offenbar gar nichts, daß gerade diese Art auf Malta schon seit 1911 gesetzlich geschützt ist.

Rotkehlchen werden in Spezialkäfigen gefangen, an deren Seiten Klappnetze angebracht sind. Wird ein solcher Spezialkäfig mit einem singenden Rotkehlchen an einem Ort aufgestellt, wo bereits ein zweites Rotkehlchen singt, dann dauert es nur kurze Zeit, bis der frei lebende Vogel den vermeintlichen Eindringling wütend angreift. Maltesische Kinder scheinen an diesem Schauspiel ihren Spaß zu haben. Im geeigneten Moment ziehen sie dann mit Hilfe eines Bindfadens eins der Netze über ihr Opfer. Der »Verbrauch« an Rotkehlchen ist enorm. Denn die gequälten Tiere überleben in Gefangenschaft meist nur ein paar Tage.

Käfigvögel überall

Der Markt von La Valletta wird unmittelbar vor dem City Gate abgehalten, vor dem großen Tor im Süden der Stadt. Mächtige Bastionen, 400 Jahre alte Mauern, zum Teil gut 20 Meter hoch, überragen das bunte Treiben. Innerhalb der Stadtmauern finden sich großzügig gebaute Paläste und Kirchen, doch in den meisten Gassen drängen sich die Häuser auf engstem Raum zusammen. Ein Gewirr von überdachten

Holzbalkonen schmückt die Fassaden. In Fenstern oder neben den Türen von Bars und Geschäften hängen kaum schuhkartongroße Käfige mit tapfer zwitschernden Finken in der Sonne. Immerhin, es sind auch Zebrafinken und Kanarienvögel darunter, die nicht in freier Natur gefangen, sondern wie die Stubenvögel bei uns gezüchtet werden.

La Valletta, die Hauptstadt des kleinen Inselstaates: eine quicklebendige Mischung arabischer und europäischer Einflüsse.

Marsaxlokk. Eigentlich nur ein Fischerdorf, doch die Regierung hat große Pläne: Ganz in der Nähe wird ein gigantischer Industriehafen gebaut.

La Valletta und die umliegenden Ortschaften gehen heute nahtlos ineinander über, bilden eine verwirrende, nicht enden wollende Stadtlandschaft, die weiter in das Land auswuchern wird. Auch im fernen Malta wächst der Landverbrauch, droht Landschaftszersiedelung. Und trotzdem gibt es noch kleine idyllische Häfen und Dörfer, kleinbäuerliche Landwirtschaft und ursprüngliche, wilde Naturschönheit. Vor allem Maltas kleinere Nachbarinsel Gozo hat in dieser Hinsicht viel zu bieten. Kakteenhecken und Trockenmauern aus Bruchsteinen bestimmen das Landschaftsbild, fassen Äcker ein, die in manchen Fällen kaum größer als ein geräumiges Wohnzimmer sind.

Herbizide, diese Gifte, die jedes wildwachsende Kraut und jede Blume umbringen, sind noch weitgehend unbekannt. Und so blühen an den Rändern von Kornfeldern oder auf brachliegendem Land die wunderschönen gelben Wucherblumen, können sich unter Mandel- und Pfirsichbäumen auch Sauerklee und Mohnblumen halten. Ähnlich muß es auch bei uns einmal ausgesehen haben.

Wo die Felder zu Ende sind, an der Felsküste im Südosten von Gozo oder im Süden am Rand des Hochplateaus von Ta'Cenc, brechen Lilien und Orchideen aus dem steinigen Boden. Den Namen Ta'Cenc sollten sich aber auch ornithologisch Interessierte merken. An der Steilküste brüten die Sturmtaucher und der Wappenvogel von Malta, die Blaumerle, und oben auf dem Plateau haben die Vogelfänger Dutzende von Fangplätzen eingerichtet.

Halbtot mit dem Kopf nach unten

»Der Mann breitet sorgsam seine Netze auf dem Boden aus. Es sind zwei, jedes zwei Meter breit und acht bis zehn Meter lang. Er verankert sie am Boden, spannt sie mit Hilfe von Stangen und Seilen und verlängert letztere bis in ein aus Steinen aufgeschichtetes Versteck am Rand des Fangplatzes. Von dort kann er die Netze übereinanderklappen, wenn er an den Seilen zieht. Für Vögel, die sich zwischen ihnen niedergelassen haben, gibt es kein Entkommen.
In einem großen Leinensack sind 30 bis 40 kleine Käfige zu einem Quader auf-

gestapelt, und in jedem der Käfige sitzt ein Lockvogel. Der Mann plaziert sie, einen nach dem anderen, auf vorbereiteten, etwas erhöhten Plätzen. Doch die Anwesenheit und der Gesang der Lockvögel scheint allein noch nicht verlockend genug auf ihre Artgenossen zu wirken. Deshalb müssen zwei der Vögel ins ›Geschirr‹. Sie tragen ein Korsett aus

Der Vogelfänger plaziert seine Lockvögel am Fangplatz.

Der Sauerklee, eine der vielen Blumenarten, die sofort verschwinden, wenn Herbizide aufs Land gebracht werden.

Gozo - ursprüngliche Naturschönheit. Viele Malteser haben ihr Wochenendhaus auf der Nachbarinsel.

Hagar Quim, einer der ältesten Steintempel der Welt.

Nicht einmal halb so groß wie Hamburg

Der europäische Inselstaat Malta, benannt nach der größten von drei bewohnten und mehreren kleinen unbewohnten Inseln, liegt rund 100 Kilometer südlich von Sizilien im Mittelmeer. Mit einer Gesamtfläche von 320 km^2, auf denen rund 320 000 Menschen leben, ist er nicht einmal halb so groß wie die Hansestadt Hamburg.
Die ersten Siedler kamen wohl von Sizilien herüber und errichteten auf Malta in prähistorischer Zeit (4000–2500 v. Chr.) die ältesten Steintempel der Welt, eindrucksvolle Anlagen, die zum Teil bis heute erhalten sind. Im Laufe der Jahrhunderte und Jahrtausende mußten die Malteser sich immer wieder wechselnden Eroberern unterwerfen. Sie gerieten unter phönizischen Einfluß, dienten dem römischen Imperium, mußten Byzantiner, Araber, Normannen, deutsche Staufer und schließlich verschiedene spanische Dynastien dulden, bis Kaiser Karl V. die Inseln im Mittelalter (1530) an die Ritter des Johanniterordens übergab. Die Johanniter ließen gewaltige Festungsanlagen bauen und konnten damit den Vormarsch der Türken nach Westen stoppen. Nach gewonnener Schlacht nannten sich die Ritter dann nicht länger Johanniter, sondern Malteser (10).

Rund 200 Jahre später wurden die Inseln von den Franzosen erobert (1798). Bald darauf folgten die Engländer (1800), die Malta dann allerdings mehr als eineinhalb Jahrhunderte besetzt hielten. Erst 1964 erlangte der Staat seine Unabhängigkeit und ist heute eine neutrale, demokratisch regierte Republik.

Bindfäden und werden mit einer kurzen Schnur an beweglichen Stöckchen festgebunden, die zwischen den Fangnetzen installiert sind. Diese Lockvögel können fliegen, aber nur ein bißchen, nur so lange, bis ihre Fessel sie auf den Boden der Tatsachen zurückreißt.
Auch für den Fall, daß einer von ihnen des ›Fliegens‹ müde wird, ist vorgesorgt. Den Stock nämlich, an dem die Vögel festgebunden sind, kann der Vogelfänger mit Hilfe einer Schnur von seinem Versteck aus anheben. Dadurch werden die Tiere emporgeschleudert, und es bleibt ihnen gar nichts anderes übrig, als mit den Flügeln zu schlagen. Nach Stunden allerdings, und Stunden dauert es häufig, bleiben die Lockvögel dann auch schon mal halbtot mit dem Kopf nach unten in ihren Fesseln hängen.«

Die Fallensteller rühmen sich ihrer Liebe zu den Tieren. Schwer nachzuvollziehen, daß sich Menschen so einschätzen, die Vögel halb zu Tode quälen, um immer neue Vögel ihrer Freiheit zu berauben. Die rund 16 000 Malteser Jäger bezeichnen sich sogar als Naturschützer und schießen trotzdem auf alles, was fliegt. Schwalben, Mauersegler, Lerchen oder Spatzen sind ihnen willkommene Ziele zum Übungsschießen und bleiben unbeachtet dort liegen, wo sie oft nur angeschossen und noch lebend vom Himmel fallen. Attraktivere Vögel wie etwa Seeadler, Kraniche oder Störche landen dagegen meist auf dem Tisch eines Präparators.

Lockvogel im »Geschirr«, eine besonders widerliche Art der Tierquälerei.

Lockvögel, 30 bis 40 Stück in ihren Käfigen zum Quader gestapelt.

Abgeschossen, ausgestopft und angestaubt: eine ganze Sammlung seltener Greifvögel.

Schon fast ausgestorben: die Rohrdommel.

Junge Schleiereulen im Nest verhungert

Es gibt Hunderte, wahrscheinlich eher Tausende von Privatsammlungen mit wiederum jeweils Hunderten von ausgestopften Vögeln, die langsam in Glasvitrinen verstauben. So findet man heute auf Malta jede Menge ausgestopfter Schleiereulen, aber nicht eine einzige lebende. Die fünf Jungen des letzten Brutpaares verhungerten in ihrem Nest. Ihre Eltern waren während der Brutzeit abgeschossen worden.

Vieles, was Jägern nachgesagt wird, ist auch nach Malteser Gesetzen verboten. Da gibt es Listen von Vögeln, die vollständig geschützt sind, da gibt es Schonzeiten für die anderen und Schutzgebiete, die man mit einem Gewehr nicht einmal betreten darf. Aber um diese Gesetze scheinen sich auf Malta weder die Jäger noch die Polizei zu kümmern.

»Es ist lausig kalt. Wir haben unsere Kameras lange vor Sonnenaufgang an zwei verschiedenen Plätzen im Buskett Garden aufgestellt. Der öffentliche Park, der vor Jahrhunderten von den Ordensrittern angelegt wurde, ist von schönem alten Wald umgeben, wie man ihn sonst im ganzen Inselstaat nicht findet. Und in diesem Park ist das Schießen verboten. Buskett Garden ist ein Vogelschutzgebiet.

Kurz vor sechs schlägt die erste Schrotladung neben mir ins Gebüsch. Gewehrfeuer von allen Seiten, zum Teil aus verbotenen automatischen Waffen. Ich füh-

Gesetzlose: Die Jäger ignorieren die Vogelschutzgesetze.

le mich in die Situation eines Kriegsberichterstatters versetzt. Im Vogelschutzgebiet beherrschen die Jäger die Szene. Mein Freund Christian an der zweiten Kamera wird von einem Mann mit Gewehr im Arm zur Rede gestellt. Ein anderer zielt auf mich. Wieder und wieder hallen Schüsse durch den Park. Turteltauben werden erlegt. Sie gehören zu den wenigen Vögeln, die auf Malta gegessen werden. Ein Mann dreht einer Taube, die noch mit den Flügeln flattert, den Hals um und wischt die blutige Hand an seiner Hose ab.
Um neun ist der ganze Spuk vorbei. Dann kommen Schulklassen und Familien mit Kindern zum Picknick in den Park und kicken Schrotpatronen, die im Weg liegen, mit den Füßen beiseite.«

Aus Rache den Wald abgefackelt

Trotz aller das Gegenteil beweisenden Übergriffe: Der Staat setzt Vertrauen in die Naturschutzbemühungen der Jäger. Er beauftragte den Jagdverband mit der Betreuung eines unter unendlichen Mühen wieder aufgeforsteten Gebiets im Norden der Insel und erlebte ein Fiasko. Denn die Jäger waren sich nicht einmal untereinander grün. Die Organisierten verwehrten den Nichtorganisierten den Zutritt, und dann wurde noch lange bevor aus dem Wäldchen ein Wald werden konnte, Feuer gelegt. Das den Jägern anvertraute Naturschutzgebiet ging in einer einzigen Nacht fast vollständig in Flammen auf.
Die einzige seit Jahren effektiv arbeitende Naturschutzorganisation ist die Maltese Ornithological Society (MOS). Sie wurde zwar schon 1962 gegründet, hatte bis 1980 aber erst rund 300 Mitglieder gewonnen. Ihr Kampf schien aussichtslos, bis 1980 Hilfe von außen kam und die Entwicklung beschleunigte.
Damals tagte der Internationale Rat für Vogelschutz auf Malta, und die Vogelschutzexperten aus aller Welt konnten einiges bewegen. Noch im gleichen Jahr trat das im Vergleich zu früheren Verhältnissen sehr fortschrittliche Vogelschutzgesetz in Kraft. Außerdem schloß die Regierung einen Vertrag mit dem World Wildlife Fund (WWF), in dem die Umwandlung des acht Hektar großen Feuchtgebiets von Ghadira zum Naturschutzgebiet festgelegt wurde.

Ein Wiesenpieper, übungshalber vom Himmel geschossen.

Das Gebiet wurde der Malteser Vogelschutzorganisation zur Betreuung übergeben, der World Wildlife Fund und der Deutsche Bund für Vogelschutz (DBV) gaben Gelder für sogenannte Biotop-Pflegemaßnahmen, englische Vogelschützer für den Bau eines Beobachtungsstandes, und die Regierung von Malta spendierte einige tausend Setzlinge zur Bepflanzung des Geländes. Aus verschiedenen europäischen Ländern reisten schließlich Jugendgruppen an, um bei den Arbeiten im neuen Naturschutzgebiet Ghadira zu helfen.

Betreten verboten!

»Schilder, die das Betreten verbieten, Wassergräben, Sichtschutzwälle, Stacheldraht: ein Sicherungssystem wie vor einem Raketendepot. Doch hier sollen nicht die brisanten Requisiten der Militärs vor dem Zugriff von Dunkelmännern geschützt werden, sondern nur ein paar Vögel.
Wir haben uns mit jungen Maltesern und ihren deutschen Gästen vom baden-württembergischen Jugendverband des

Deutschen Bundes für Vogelschutz in Ghadira getroffen. Der Vogelwart öffnet das Schloß an der durch eine schwere Kette gesicherten Tür. Wir erfahren, daß all diese Maßnahmen, ja selbst die Wächter, die das Gelände nachts im Auge behalten, Übergriffe nicht immer verhindern können. Auch heute noch kommt es vor, daß Jäger in das Schutzgebiet einbrechen und im ersten Morgengrauen ein Massaker unter den Vögeln anrichten. Nach dem letzten Mal fand man Watvögel und einen Graureiher angeschossen, trieben Bläßhühner und Stelzenläufer tot im Wasser.
Die jungen Leute arbeiten an einem Flechtzaun, der es Besuchern der Anlage ermöglichen wird, in den Beobachtungsstand am Rand der Wasserfläche

Ghadira, Vogelschutz hinter Stacheldraht.

Der etwa zaunkönig-große Cistensänger gehört zu den wenigen Vogelarten, die auf Malta brüten.

zu gelangen, ohne daß es die Vögel merken. Ein etwa zaunköniggroßer Cistensänger sucht zwischen Schilfhalmen nach Insekten. Er läßt sich weder durch die Jugendlichen noch durch unsere Dreharbeiten stören. Erstaunlich, überall sonst auf Malta fliehen Vögel, sobald sie Menschen nur von weitem sehen.«

Wenn man bedenkt, daß in Malta auf jedem Quadratkilometer rund 50 Jäger ihrem zweifelhaften Sport nachgehen und noch einmal fast genauso viele Fallensteller, dann sind die Teiche von Ghadira ein wahres Vogelparadies. Diese acht Hektar, ganze 0,025 Prozent der Landesfläche, sind der einzige einigermaßen sichere Rastplatz der Zugvögel, denn die anderen Schutzgebiete Maltas haben ihren Namen nicht verdient. Entscheidende Verbesserungen darüber hinaus werden wohl nur langfristig zu erreichen sein. Die Vogelschützer setzen schon auf die nächste Generation und laden immer wieder Schulklassen und andere Besuchergruppen in die Schulungsräume am Rand ihres Schutzgebietes ein, um sie an Ort und Stelle über ihre Arbeit und Ziele zu informieren.

Die Maltese Ornithological Society hat heute immerhin schon fast 1 500 Mitglieder, und einer ihrer jungen Leute, den ich auf Malta kennenlernte, gründete inzwischen eine neue Organisation mit dem zungenbrecherischen Namen »Zghazagh ghall-Ambjent«, zu deutsch Jugend und Umwelt, die sogleich durch phantasievolle Aktionen auf sich aufmerksam machte. Die streitbaren Jugendlichen schütteten 70 000 leere Patronenhülsen auf La Vallettas Hauptstraße aus, die sie zuvor in Vogelschutzgebieten eingesammelt hatten. In Flugblättern konnten Passanten nachlesen, daß diese Menge nicht einmal ein Prozent des jährlichen Verbrauchs ausmacht und daß durch die 190 Tonnen Bleischrot, die die Jäger in der Land-

Die Blaumerle ist der Wappenvogel Maltas. Sie steht unter dem besonderen Schutz der Regierung, und dennoch fehlt sie in keiner Sammlung.

schaft verschießen, die Bleivergiftung des Bodens droht. »Zghazagh ghall-Ambjent« steht für mehr als den reinen Vogelschutz. Diese jüngste der Natur- und Umweltschutzorganisationen Maltas hat die Erhaltung gesunder Lebensgrundlagen für Mensch und Tier auf ihre Fahnen geschrieben.

Politische Rücksichtnahme statt Naturschutz

Der Staat scheint all dem zumindest aufgeschlossen gegenüberzustehen. So hat Malta als einer der ersten Mittelmeeranrainer die Konvention von Barcelona zum Schutz vor Meeresverschmutzung ratifiziert. Regierungsmitglieder arbeiten in internationalen Natur- und Umweltschutzorganisationen mit, und der Präsident der Republik ist zugleich der Schirmherr der Vogelschutzorganisation. Daß die Jäger trotzdem offen gegen Gesetze verstoßen können, ohne Strafverfolgung befürchten zu müssen, läßt sich nur durch politische Rücksichtnahme erklären. Männer, die alt genug zum Schießen sind, verfügen auch über eine Wählerstimme.

»Wer im Glashaus sitzt, soll nicht mit Steinen werfen«, lautet ein altes Sprichwort. Und das meint auch der Präsident des Malteser Jagdverbandes. Er fragt, woher die Nordeuropäer sich eigentlich das Recht nähmen, die Jagdmethoden der Südeuropäer zu verurteilen. Denn schließlich würden im Norden durch Straßenbau, Industrie und Landwirtschaft die Brutgebiete der Vögel so nachhaltig zerstört, daß manche Art allein deswegen vom Aussterben bedroht ist. Der Mann hat recht: In Sachen Naturschutz haben wir alle eine Menge aufzuholen. Aber da helfen uns gegenseitige Anklagen bestimmt nicht weiter. Eher schon das Beispiel der Naturschutzorganisationen, die durch internationale Zusammenarbeit in Malta eine Menge erreicht haben.

Kontakte
Naturschutzjugend im Deutschen Bund für Vogelschutz, Königsträßle 74, 7000 Stuttgart 70
Maltese Ornithological Society (MOS), P.O. Box 498, La Valletta, Malta
Zghazagh ghall-Ambjent, 133, Melita Street, La Valletta, Malta

LEBENDE FOSSILIEN

Die Nachfrage nach Schildpatt und Schildkrötensuppe hatte eben etwas nachgelassen, da schlugen Naturschützer erneut Alarm: Am Mittelmeer wurden die Karettschildkröten durch den Massentourismus von ihren angestammten Nistplätzen verdrängt, und in Südamerika gerieten die Lederschildkröten durch Wilderer und Eierdiebe in Gefahr. Wie lange werden es die gepanzerten Reptilien, die schon vor 100 Millionen Jahren zusammen mit den Sauriern auf der Erde lebten, noch mit uns aushalten?

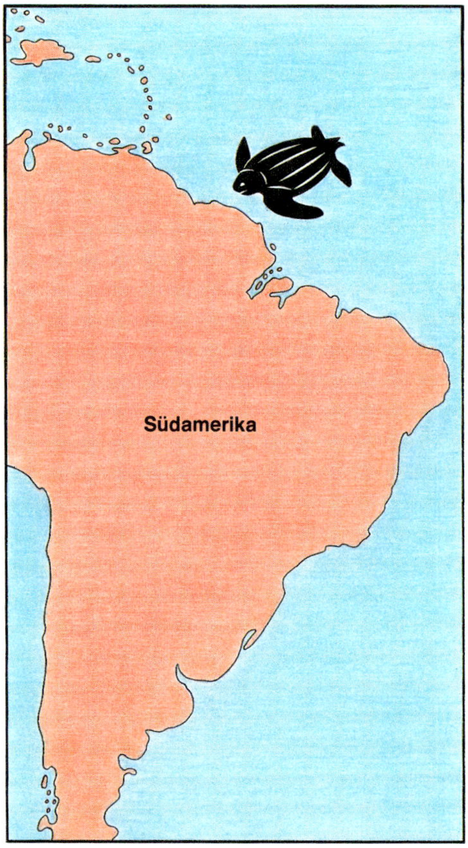

»Es ist so unerträglich heiß wie immer in Yalimapo. Mama Gepe' fährt mit der Hand durch das Maniokmehl, breitet es auf der Eisenplatte über dem offenen Feuer aus und klopft es dann ganz vorsichtig mit ihrem großen, aus Palmenblättern geflochtenen Fächer fest. Die alte Indianerfrau backt Fladenbrot.«

Yalimapo, das Dorf der Galibi-Indianer an der Küste Französisch-Guayanas.

Modernes Leben

Yalimapo liegt etwas oberhalb des Äquators an der Atlantikküste Südamerikas. Erstaunlicherweise zählen Mama Gepe' und die anderen Galibi-Indianer aber zu den Europäern, genauer zu den Franzosen, denn die halten das Land, ihr Französisch-Guayana, schon fast 400 Jahre lang besetzt. Ein Viertel der Zeit war es als Sträflingskolonie gerade gut genug als Auffanglager für den Abschaum der französischen Gesellschaft.

Mama Gepe' backt Fladenbrot.

Daniel ist der Häuptling von Yalimapo. Er möchte jetzt am modernen Leben der Europäer teilhaben und will mitten im Dorf eine Bar für Touristen einrichten. Der Häuptling des Nachbardorfes will sogar ein Gästehaus mit sechs Zimmern bauen. Die Fremden, denen Gastfreundschaft gegen bare Münze geboten werden soll, treibt es schon heute in die entlegene Gegend. Allerdings werden sie kaum durch folkloristische Einlagen der Eingeborenen angelockt, sondern eher durch die urtümliche Lederschildkröte, die Kawana, wie sie in der Sprache der Indianer heißt.

Die Strände von Französisch-Guayana sind weltweit die bedeutendsten Nistplätze der Lederschildkröte. Entsprechend alarmiert waren Wissenschaftler und Naturschützer, als von dort Katastrophenmeldungen um die Welt gingen: Hunderte von Tieren blieben jedes Jahr im angespülten Treibholz hängen und verendeten elendiglich unter der sengenden Äquatorsonne. Wilderer wü-

Hunderte von Lederschildkröten blieben im Treibholz hängen und verendeten unter der sengenden Äquatorsonne.

teten an den Stränden, und Eierdiebe plünderten die Gelege der Schildkröten.

Projekt Kawana

Europäische Naturschutzorganisationen reagierten schnell. Ungezählten Spendern, Hunderten von freiwilligen Helfern und nicht zuletzt den Biologen Dr. Jacques Fretey und Dr. Wolfgang Fischer ist es zu verdanken, daß innerhalb kurzer Zeit ein Projekt zum Schutz der Lederschildkröten auf die Beine gestellt werden konnte. Das Projekt Kawana. Die Umweltschutzorganisation Greenpeace wirkte maßgeblich dabei mit und garantierte zusammen mit 12 anderen Organisationen für die Finanzierung aus Spendenmitteln. Französische und deutsche Wirtschaftsunternehmen beteiligten sich durch Sachspenden.
Im Frühjahr 1985 reisten die ersten freiwilligen Helfer nach Südamerika ab. Sie opferten ihren Jahresurlaub für das Projekt, bezahlten selber den Flug und mußten, kaum in Yalimapo angekommen, erst einmal für die eigene Unterkunft sorgen. So schlugen sie junge Bäume aus dem Dschungel, nagelten die Stämme zu primitiven, offenen Hütten zusammen und deckten sie schließlich mit reißfesten Kunststoffplanen ab, unter denen ihr Reisegepäck und ihre in Moskitonetze gehüllten Hängematten vor dem tropischen Regen sicher waren.
In einem verfallenen Gebäude der ehemaligen französischen Strafkolonie, das aus der Umklammerung des Urwaldes befreit und wieder aufgebaut wurde, entstand das Hauptquartier der Schildkrötenschützer. Dort wurde auch ein kleines Informationszentrum und eine Schildkröten-Brutstation eingerichtet, in der erste innerhalb des Projekts gewonnene wissenschaftliche Erkenntnisse sofort in die Tat umgesetzt wurden.

Der Natur nachempfunden: Die eben geschlüpften Lederschildkröten müssen sich auch in der Brutstation durch den Sand nach oben kämpfen.

Weibchen mögen's heiß

»Barbara wuchtet den unhandlichen Kunststoffbehälter vom Regal in der stickigen Klimakammer. Gut 80 Schildkröteneier, sauber in Reih und Glied zwischen feuchten Sandschichten gelagert, haben schon ihr Gewicht. Kein Schimmel. Keine Parasiten. Barbara ist zufrieden. Sie kontrolliert die Eier mit großer Aufmerksamkeit, die wie flaue, etwas zu groß geratene Tischtennisbälle aussehen und aus Nestern stammen, die gefährlich nah am Wasser angelegt waren. Sie kontrolliert auch die Temperaturen in den Klimakammern, denn die haben eine entscheidende Bedeutung. Ist es dort nämlich kälter als 29,9 Grad Celsius, dann schlüpfen nur Männchen aus den Eiern, ist es wärmer, dann sind es nur Weibchen. So wurde es möglich, gezielt Weibchen zu züchten und die Verluste der zurückliegenden Jahre zumindest teilweise auszugleichen.«

Nachdem das Hauptcamp noch im ersten Jahr fertiggestellt war, entstand entlang der Küste eine Reihe von Außencamps. Sie waren von jeglicher Zivilisation abgeschnitten und nur mit dem Boot zu erreichen. Über Funkgeräte, die durch Solarenergie gespeist wurden, bestand allerdings eine Verbindung zum Hauptcamp und zur Polizeistation in der nächstgelegenen und dennoch weit entfernten Stadt Mana. Die Galibi-Indianer übernahmen die Versorgungsfahrten zwischen den Camps und waren dadurch bald fest in das Schildkrötenprojekt eingebunden.

Ab 1987 übernahm Greenpeace International die Federführung für das aufwendige Projekt in Südamerika und stellte es auf eine breite, internationale Basis. Mehr als 100 Helfer aus 11 Ländern bewachten die Schildkröten nun ohne Unterbrechung von April bis September. Zug um Zug wurde das tückische Treibholz beiseite geräumt, wurden Tiere, die sich darin verfangen hatten, mit der Motorsäge befreit. Die Wilderer und die Eierdiebe mieden die Strände, seit dort Nacht für Nacht Mitarbeiter des Projekts Kawana herumliefen, sobald die urweltlichen Riesen aus dem Meer auftauchten.

Halbtonner im Schwartenpanzer

»Mit der Zeit haben sich die Augen an die Dunkelheit gewöhnt. Fledermäuse jagen den ewig nervenden Moskitos nach. Und dann ist sie plötzlich da: Zuerst hebt sich nur die charakteristisch hoch aufgewölbte, schwarz glänzende Schwarte aus der Brandung, dann, als das Wasser abläuft, tauchen auch der Kopf und die breiten Vorderflossen auf. Was für ein gewaltiges Tier.

Die Schildkröte mißt wohl an die zwei Meter und wiegt gut eine halbe Tonne. Erstaunlich, wie schnell sie ihren massigen Körper über den stumpfen Sand

Ein unvergeßliches Erlebnis: Die urweltliche Lederschildkröte wuchtet ihren massigen Körper an den Strand.

Markierte Schildkröten werden bei jedem ihrer Besuche registriert und vermessen. So kann man ihre Entwicklung über einen längeren Zeitraum verfolgen.

Das Gelege der Lederschildkröte besteht aus 80 bis 100 Eiern.

schiebt. Sie muß unvorstellbare Kräfte haben. Von Zeit zu Zeit hält sie für einen Moment inne; sie hebt ihren Kopf und schnappt nach Luft, und tief aus ihrem Schlund dringt ein unendlich langer, fast stimmloser Seufzer.

Zwei schmale Lichtkegel geistern durch die Nacht, Anne und Mike sind auf Patrouille. Sie umkreisen jede Schildkröte auf ihrem Strandabschnitt und schauen nach, ob sie besondere Merkmale oder gar eine der numerierten Titaniummarken trägt, die Jacques Fretey schon so vielen Tieren in die Flosse gestanzt hat. Solche alten Bekannten werden während ihrer Besuche stets genauestens vermessen.

Die Schildkröte scheint durch all diese Aktivitäten nicht im mindesten beeindruckt. Sie fegt mit kraftvollem Schwung ihrer Vorderflossen eine große, flache Mulde aus. Der Sand fliegt meterweit. Anschließend arbeitet sie, nun sehr behutsam, mit den hinteren Flossen weiter, bis ein gut 60 Zentimeter tiefes Loch entstanden ist. Unter leisem Seufzen und Glucksen läßt sie dann jeweils zwei, drei oder vier Eier auf einmal

an ihren Flossen entlang in die Tiefe gleiten.
Anne ist im Schneidersitz ganz dicht an den Kopf der Schildkröte herangerückt und zeichnet mit Pauspapier und Bleistift den fünfmarkstückgroßen, rosafarbenen Stirnfleck ab, der ein ebenso einmaliges Merkmal sein soll wie der Fingerabdruck des Menschen. Wenn das stimmt, könnte man die Tiere in Zukunft über Jahrzehnte zuverlässig identifizieren, länger als das je mit Hilfe der Titaniummarken möglich wäre, denn die gehen oft nach kurzer Zeit verloren.«

Die nächtlichen Landgänge der Lederschildkröten dauern ein, bis maximal zwei Stunden. Nachdem sie ihre Nester sorgfältig verschlossen und ihre Spuren am Nistplatz verwischt haben, kehren die letzten Tiere spätestens im ersten Sonnenlicht ins Wasser zurück. Dann wird es aber auch höchste Zeit, denn wenn die Sonne erst hoch am Himmel steht, droht ihnen der Hitzschlag.
Draußen, nicht sehr weit von der Küste entfernt, warten die Schildkrötenmännchen, um sich erneut mit den Weibchen zu paaren. Seit viele der Weibchen markiert wurden, weiß man, daß jedes von ihnen mehrere Male zur Eiablage kommt: Vier-, fünf-, bis zu zehnmal in einem Abstand von jeweils rund zehn Tagen sind normal. Auf Grund solcher Beobachtungen mußten die früheren Bestandsschätzungen kräftig nach unten korrigiert werden. Obwohl über Wochen täglich 600 bis 800 Tiere auf den Stränden Französisch-Guayanas gezählt wurden, dürfte die Population weniger als 8 000 Weibchen haben. Weltweit mag es vielleicht noch 30 000 bis 40 000 Lederschildkröten geben.

Der Sand fliegt meterweit: Bevor die Schildkröten ins Wasser zurückkehren, verwischen sie ihre Spuren am Nistplatz.

Weltmeister aller Klassen

Von allen heute auf der Erde lebenden Schildkröten ist die Lederschildkröte mit Abstand die größte. Sie unterscheidet sich im Körperbau und im Verhalten selbst von ihren nächsten Verwandten, den übrigen Meeresschildkröten. Während Suppenschildkröten, Karett- und Bastardschildkröten durch einen harten, mit Hornschildern bedeckten Knochenpanzer geschützt sind, trägt sie nur eine feste, schwartenartige Lederhaut, die

Keine Tränen: Über Drüsen an den Augen scheiden die Schildkröten überschüssiges Salz aus dem Körper aus.

Wenn die Sonne höher steigt, zeugen nur noch die markanten Schleifspuren von den nächtlichen Besuchern.

durch längslaufende Kiele Form und Stabilität erhält.

Trotz ihrer Größe bewegt sich die Lederschildkröte im Wasser sehr gewandt und schnell. Sie frißt eigentlich alles, was das Meer bietet, und hat auch keine Schwierigkeiten, Fische zu erbeuten. Dabei schwimmt sie gern auf das offene Meer hinaus, und man nimmt an, daß sie Hunderte, vielleicht sogar mehr als 1000 Meter tief tauchen kann.

Bemerkenswerte Leistungen für ein Tier, das über eine Lunge atmet und das darüber hinaus wie alle wechselwarmen Reptilien im kälteren Wasser eigentlich in seiner Bewegungsfähigkeit eingeschränkt sein müßte. Tatsächlich folgen die Temperaturen im Körper der Lederschildkröte denen im Wasser, allerdings immer mit einem Abstand, der je nach der Wärmemenge, die durch Muskelarbeit entsteht, auf bis zu 18 Grad Celsius anwachsen kann. Da die Lederschildkröte unter ihrer Schwarte in einer dicken Speckschicht steckt, geht die selbstgemachte Wärme auch nur langsam wieder verloren. Sie hat sich also Vorteile erworben, über die sonst nur Warmblüter verfügen (11).

Durch ihre Wärmeisolierung hochseetüchtig geworden, unternehmen die Schildkröten ausgesprochen weite Wanderungen. Einzelne Tiere tauchten wiederholt in der Nordsee auf, und 1988 wurde an der englischen Küste vor Wales sogar die größte Lederschildkröte der Welt geborgen. Leider tot. Sie war 2,59 Meter lang und brachte 907 Kilogramm auf die Waage, ein Gewicht, das Wissenschaftler nie für möglich gehalten hatten. Schnell war ein passender Name für den Giganten gefunden: Man nannte ihn Tyson, nach dem amerikanischen Boxweltmeister im Schwergewicht.

Die weitesten Strecken hatten aber wohl die Schildkröten zurückgelegt, die vor Island und Norwegen gesichtet wurden.

Man kennt sogar ihre Reisegeschwindigkeit. Ein Tier, das in Französisch-Guayana gekennzeichnet worden war, verfing sich nämlich nach weniger als drei Monaten vor Neufundland in Fischernetzen. Es war 8 000 Kilometer weit geschwommen, im Durchschnitt etwa 100 Kilometer jeden Tag.

Amerikanische Wissenschaftler haben damit begonnen, einige der erstaunlichen Langstreckenschwimmer mit Sendern auszurüsten, um ihre Wanderungen über Satelliten zu verfolgen. Mag sein, daß auf diese Weise manches Rätsel gelöst wird. Zum Beispiel weiß bis heute niemand, wie sich die Lederschildkröten in der Weite der Ozeane orientieren.

Geierfutter

»Die eben geschlüpften, kaum handtellergroßen Schildkröten laufen so schnell sie können. Sie fliegen der Brandung förmlich zu. Aber was nützt das, wenn die Geier schon da sind und gemächlichen Schrittes reiche Beute machen. Sie drücken die flüchtenden Schildkröten einfach mit ihrem Fuß auf den Boden und reißen ihnen mit dem Schnabel den Kopf ab. Kein schöner Anblick, doch auch Geier wollen leben.«

In der Regel schlüpfen die Schildkröten während der Nacht, wenn die Geier auf ihren Schlafbäumen hocken. Doch es gibt noch genügend andere hungrige

Flucht: Für junge Lederschildkröten ist die Welt voller Gefahren.

Manche junge Schildkröte erreicht nicht einmal das Meer. Ihr Leben endet im Magen eines Geiers oder eines Hundes.

Mäuler. Fern von menschlichen Siedlungen sind es Kojoten, hier Hunde, die bevorzugt gut entwickelte Eier aus dem Sand graben und ausschlecken. Kojoten und Hunde nehmen wie Geier aber durchaus auch frisch geschlüpfte Schildkröten. Im Wasser warten schon überaus gefräßige Welse und weiter draußen die Haie. Von den jungen Schildkröten, die aus einem Gelege schlüpfen, erreichen immer nur eine Handvoll die offene See. Wo sie dann bleiben, was sie tun, und ob es 15 oder 20 Jahre oder noch länger dauert, bis sie geschlechtsreif werden und erwachsen an ihren Strand zurückkommen, das alles hat bisher keiner herausfinden können. Nur soviel glaubt man zu wissen: Die Ausfallquote ist so enorm hoch, daß von 1000 geschlüpften Tieren nur ein einziges zu einer geschlechtsreifen Lederschildkröte heranwächst. Man kann sich vorstellen, welche Wirkungen von Menschen zusätzlich herbeigeführte Ausfälle haben müssen.

Dank des Projekts Kawana scheint der Bestand der Lederschildkröten in Französisch-Guayana vorerst gesichert. Doch auch dort wird der Regenwald abgeholzt, entstehen zum Teil direkt hinter den Nistständen der Schildkröten riesige Reisplantagen, die ständig aus der Luft mit Chemiegiften berieselt werden. Auch dort gibt es Pläne für Hafenerweiterungen und Industrieansiedlungen, und es gibt die Pläne der Galibi-Indianer, die so gerne den Tourismus entwickeln möchten. 4000 bis 5000 Touristen wurden bisher durch die Mitarbeiter des Schildkrötenprojekts mit Informationsblättern versorgt und gebeten, Rücksicht auf die urweltlichen Reptilien zu nehmen. Werden die stolzen Indianer diese Aufgabe fortführen, wenn sie, wie vorgesehen, eines Tages das Projekt Kawana in eigener Verantwortung übernehmen? Wie werden sie entscheiden, wenn international arbeitende Touristik-

Geschafft: Nur einen Moment schwimmt die junge Bastardschildkröte an der Wasseroberfläche, dann verschwindet sie in den Fluten.

Vorerst scheinen sie gerettet, aber ob die lebenden Fossilien noch eine Zukunft haben, ist ungewiß.

unternehmen mit großen Versprechungen locken?
Immerhin, die Indianer wissen ja, daß die Schildkröten die Attraktion von Yalimapo sind. Bleibt zu hoffen, daß sie sich rechtzeitig einer sicher selbst am Äquator sinngemäß verbreiteten Volksweisheit erinnern: Man kann eine Kuh nicht schlachten, die man noch melken will. Auf dem Hintergrund dieser Erkenntnis könnte gerade der Tourismus dem Projekt Kawana zu dauerhaftem Erfolg verhelfen.

Kontakte
Greenpeace e.V., Vorsetzen 53,
2000 Hamburg 11

Strafkolonie und Weltraumbahnhof

Guayana, eine Landschaft im Nordwesten Südamerikas, ist so groß wie halb Europa. Französisch-Guayana ist ein kleiner Teil davon, ein Stück wie Österreich, besiedelt von nur 74000 Menschen, die gut zur Hälfte in der Hauptstadt Cayenne leben.
Seit 1604 als Kolonie in französischen Händen, hat das Land jetzt den Status einer Überseeprovinz. Es gehört also dazu, zu Frankreich und konsequenterweise auch zur Europäischen Gemeinschaft. Die Air France fliegt zu Inlandpreisen von Paris nach Cayenne.
Als man die weite Strecke noch mit dem Schiff zurücklegte, schickte die französische Justiz Zehntausende von Gefangenen in den Regenwald – nicht nur Kriminelle, sondern auch politisch Unliebsame. Viele kamen unter den menschenunwürdigen Zuständen in der Verbannung um. Der ehemalige Häftling und spätere Bestsellerautor Henri Charrière berichtet in seinem Roman »Papillon« über das elende Leben und Sterben im sogenannten Bagno.

Überwuchert: Nach nur 40 Jahren sind die Gefängnisbauten der ehemaligen Strafkolonie im Urwald verschwunden.

Heute dient Französisch-Guayana den Europäern als Sprungbrett ins All. Im Weltraumbahnhof Kourou stehen die Abschußbasen der Ariane-Raketen.

AUF KNUTT-SPUREN NACH GRÖNLAND

◁ Rastende Vögel im Wattenmeer: Alpenstrandläufer, Knutts und im Hintergrund mit leuchtend weißem Gefieder die Möwen.

An die alljährlich wiederkehrenden Meldungen über ölverschmiert dahinsiechende Seevögel hatte man sich gewöhnt. Es bedurfte schon einer Katastrophe wie der des Robbensterbens, um die fortschreitende Verschmutzung des Wattenmeeres wieder in unser Bewußtsein zu rücken. Dabei ist das Wattenmeer nicht nur für Robben, sondern auch für Millionen Zugvögel, die zum Teil hoch im arktischen Norden brüten, ein unersetzlicher Lebensraum.

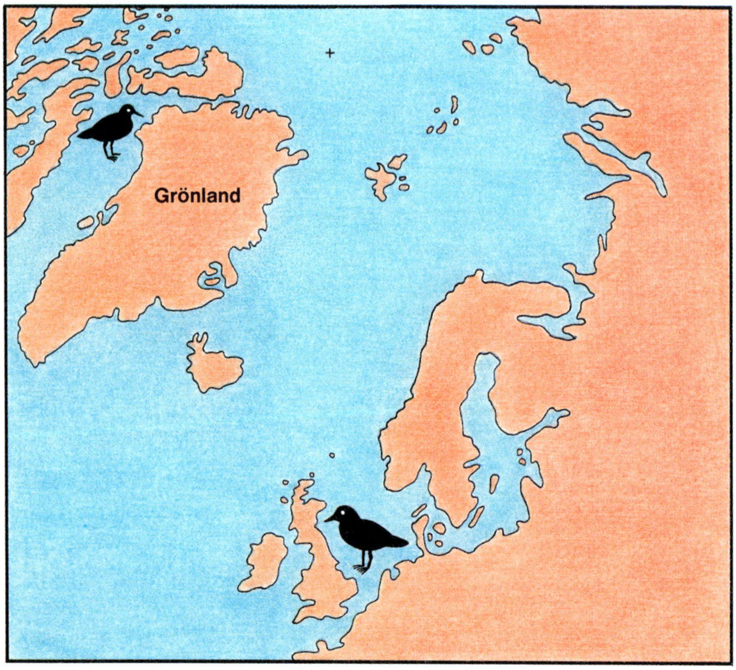

»Der Tidenkalender diktiert den unchristlich frühen Wecktermin: Ablaufendes Wasser, die Vögel suchen weit draußen im Watt nach Nahrung. Es ist Zeit, die Netze aufzubauen.
Im ersten Morgengrauen tragen Frauen und Männer umfangreiche Gerätschaften über den Deich vor dem Norderhever Koog. Sie graben Löcher für ein Dutzend halbmeterlanger eiserner Rohre, die mit Treibladung und Projektil versehen eine Art simpler Kanone abgeben. Zündkabel werden verschraubt und vom Vorland bis hinter die Deichkrone geführt, Netze geordnet und mit den Kanonenprojektilen verbunden. Zum Schluß wird alles sorgfältig getarnt. In ein paar Stunden, wenn die Vögel mit auflaufendem Wasser aus dem Watt kommen, um auf den Salzwiesen zu rasten, darf nicht die geringste Spur an den morgendlichen Arbeitseinsatz erinnern.«

Mit Kanonen auf Vogeljagd

Die Methode stammt aus England. Dort haben Vogelkundler die Kanonennetze entwickelt, um Wildgänse und später auch andere Zugvögel für wissenschaftliche Zwecke zu fangen. Der Biologe und Wattenmeerexperte Dr. Peter Prokosch arbeitet allerdings seit langem auch im nordfriesischen Wattenmeer mit Kanonennetzen. Seine Falle gilt dem Knutt, einem etwa amselgroßen Watvogel, der im Frühling und im Spätsommer mit jeweils entgegengesetzter Zielrichtung in riesigen Schwärmen an der Nordseeküste vorbeizieht.
Bis vor kurzem wußte man noch recht wenig über den Knutt und seine Watvogelverwandten. Doch seit Forscher aus

Vor den Deichen werden Kanonennetze aufgebaut.

Die Netze senken sich unter Getöse über den Vogelschwarm.

Gefangene der Wissenschaft: Unter den Planen beruhigen sich die Vögel schlagartig.

Datenerfassung: Ein Alpenstrandläufer wird mit einer Schieblehre vermessen.

aller Welt in der Wader Study Group zusammengeschlossen sind, füllen sich die Wissenslücken. Solche Grundlagenforschung erfordert Geduld. Oft werden Vögel über Jahre beobachtet, Wissenschaftler folgen ihnen in die entlegensten Winkel und sammeln Unmengen von Daten. Richtig kombiniert und wie zu einem Puzzle zusammengefügt, ergibt sich daraus dann ein Bild von der Lebensweise der Vögel.

»Es ist soweit: Ein Schwarm von vielleicht zwei-, dreihundert Vögeln sitzt in der Falle. Die Kanonen werden abgefeuert, die Netze senken sich unter Getöse. Im gleichen Moment laufen die Vogelfänger auch schon ins Vorland, um die Tiere aus ihrer mißlichen Lage zu befreien. Wir kommen mit unserer Kamera kaum hinterher.
Planen aus Sackleinen werden eilig über den zappelnden Vögeln ausgebreitet. Es sind Alpenstrandläufer, ein paar Kiebitzregenpfeifer. Und Knutts. Unter der Abdeckung beruhigen sie sich schlagartig, wie Stubenvögel, wenn man ein Tuch über ihren Käfig legt. Sie werden einer nach dem anderen vorsichtig aus den

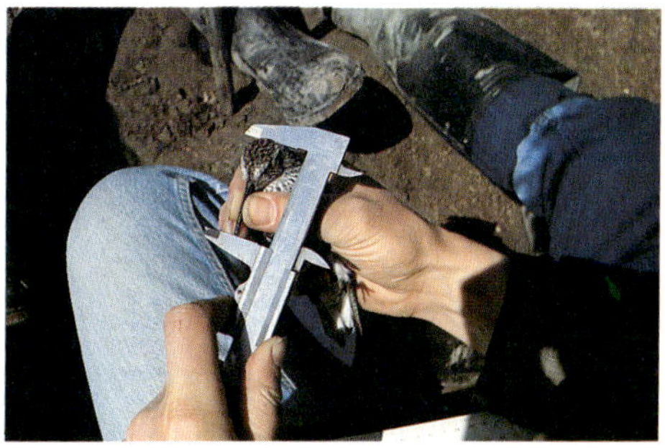

Netzen gezogen und in geräumige tunnelförmige Stoffgehege umgesetzt.
Die Vögel werden nur für kurze Zeit Gefangene der Wissenschaft bleiben, nur so lange, bis sie beringt, vermessen und gewogen sind. Gleich danach werden sie unversehrt wieder in die Freiheit entlassen.«

Zwischen Südafrika und Sibirien

Vom Menschen festgehalten zu werden, bedeutet Streß für die Vögel. Deshalb sollten Wissenschaftler in jeder Situation kritisch prüfen, ob solche Prozeduren wirklich notwendig sind. Allein in Deutschland wurden seit dem Anfang des Jahrhunderts weit über 10 Millionen Vögel durch Ringe gekennzeichnet. Das ist eine Zahl, die zunächst unverhältnismäßig hoch erscheint. Doch man muß bedenken, daß immer nur ein kleiner Teil, höchstens ein bis zwei Prozent der Tiere, später noch einmal gefangen oder schließlich tot gefunden wird. Wenn es trotzdem gelungen ist, so manches Phänomen des Vogelzuges aufzuklären, so spricht das eigentlich nur für das Kombinationvermögen der Wissenschaftler.

Auch über den Knutt gibt es neue Erkenntnisse.
Gut 800 000 Knutts leben auf der Erde. So schätzt man nach Synchronzählungen mit Hunderten von Helfern. Die Gesamtpopulation wird in zwei etwa gleich starke Gruppen unterteilt. Für Laien sind die beiden Unterarten allerdings nicht zu unterscheiden. Selbst Fachleute haben ihre Schwierigkeiten und können erst nachdem sie Schnabel- und Flügellängen auf den Millimeter genau vermessen haben, einigermaßen sicher sagen, um welche Art von Knutt es sich denn wohl handelt. Interessante und deutliche Unterschiede gibt es allerdings im Zugverhalten der beiden Unterarten.
Die Knutts mit dem wissenschaftlichen Namen *Calidris canutus islandica* überwintern in Westeuropa. Die meisten von ihnen bevölkern im April und in der ersten Hälfte Mai das Wattenmeer und ziehen danach über Norwegen und Island weiter in ihre Brutgebiete in Grönland und Kanada. Sie legen ihre Flugstrecke von 5 000 bis 6 000 Kilometer in zwei bis drei Etappen zurück. Die Knutts, die *Calidris canutus canutus* hei-

Strandläufer ziehen zu Hunderttausenden an der Nordseeküste vorbei. Man weiß bis heute nicht, wie sie ihre Bewegungen in den dichten Schwärmen synchronisieren.

Die Knutts tragen bereits während des Frühjahrszuges ihr auffallend rötlich gefärbtes Brutkleid. Im Herbst und im Winter sind sie unscheinbar grau.

ßen, verbringen den Winter dagegen an der Atlantikküste Afrikas bis hinunter nach Südafrika. Sie erreichen das Wattenmeer erst in der zweiten Maihälfte und ziehen von dort im Juni direkt in ihre Brutgebiete in Sibirien. Ihre Flugstrecke ist 16 000 bis 18 000 km lang, und es scheint, als ob diese Vögel die viel längere Strecke in gewaltigen Sprüngen von bis zu 6 000 km bewältigen.

Drehscheibe Wattenmeer

Die Knutts beider Unterarten rasten also jeweils mehrere Wochen im Wattenmeer und bilden jeder für sich ihre beeindruckend großen Schwärme, doch sie treffen auf ihren langen Reisen nie mit ihren nächsten Verwandten zusammen. Die Vögel kommen mit einem durchschnittlichen Gewicht von rund 150 Gramm vor der Nordseeküste an. Ihre Nahrung besteht vorwiegend aus kleinen, rötlich gefärbten Muscheln, und wenn sie das Wattenmeer in Trupps zu einigen Dutzend oder wenigen Hundert wieder verlassen, wiegen sie meistens über 200 Gramm. Die 50 Gramm mehr Fett auf den Rippen sind sozusagen das Flugbenzin, das der Knutt für seine weiten Nonstop-Flüge braucht.

Das Wattenmeer dient dem Knutt und einer ganzen Reihe anderer Zugvögel als Drehscheibe zwischen ihren Winter- und Sommerlebensräumen. Es ist, wie es scheint, ein unersetzliches Sprungbrett für sie. Einen Rastplatz vergleichbarer

Gletscherausläufer am Olrikfjord. Die Arktis ist eine der letzten noch weitgehend unberührten Landschaften der Erde.

Allein in einer Wüste aus Eis und Stein. Der Hubschrauber fliegt zurück nach Thule Airbase.

Größe und Güte gibt es jedenfalls in Mitteleuropa kein zweites Mal (12, 13). Um die Bedeutung des Wattenmeeres in diesem Zusammenhang richtig einschätzen zu können, sollte man allerdings auch die übrigen Lebensräume der Vögel kennen.

Eis ohne Ende

Das Flugzeug von Kopenhagen überquert das an dieser Stelle gut 500 Kilometer breite grönländische Inlandeis etwa am Polarkreis. Die Knutts haben den mächtigen Gletscher noch ein gutes Stück weiter nördlich überflogen. Von der Disko-Bucht an der Westküste sind sie dann fast 1000 Kilometer am Rand

des Eises entlang bis zu ihren Brutgebieten in Nordgrönland gewandert.

Thule-Airbase ist der nördlichste Flughafen in dieser Region, eine gigantische militärische Anlage, die von Amerikanern und Dänen gemeinsam betrieben wird, ein vorgeschobener Posten, auf dem mehrere tausend Soldaten mit großem technischen Aufwand den Naturgewalten der Arktis trotzen. Von Thule kann man nur noch mit dem Hubschrauber weiter reisen. Oder mit dem Eskimo-Schlitten.

»Man hat sich die Situation schon so häufig ausgemalt, aber wenn man dann Tagesmärsche von der nächsten Eskimosiedlung entfernt zwischen all seinen

Die Abbruchkante des
mächtigen Gletschers.

Steensbyland: Der mächtige Gletscher reicht bis ans Ende des Fjords heran.

Kalaallit Nunaat

In der Eskimosprache heißt sie Kalaallit Nunaat: Grönland, die größte Insel der Erde. Fast 85 Prozent ihrer Fläche sind vom Inlandeis bedeckt, einem mächtigen Gletscher, der sich 1000 Kilometer von Westen nach Osten und 2 500 Kilometer von Süden nach Norden erstreckt. Der Gletscher reicht an einigen Orten bis an das Meer heran, doch der überwiegende Teil der Küstengebiete ist eisfrei. Die Fläche dieser eisfreien Gebiete ist immer noch fast eineinhalbmal so groß wie die Bundesrepublik, und dort wohnen nur 50 000 Menschen.
Grönland wurde 1721 von Dänen besiedelt und christianisiert. Das Land gehört auch heute noch zu Dänemark, aber es hat seit 1979 ein eigenes Parlament, das zumindest in einigen Bereichen selbständig entscheiden kann.
Das Klima ist vor allem in Nordgrönland sehr trocken. Dort fallen weniger Niederschläge als in der Sahara. Während des kurzen grönländischen Sommers steigen die Temperaturen tagsüber auf rund 10 Grad Celsius an. In den frühen Morgenstunden, wenn die Mitternachtssonne noch ganz flach über die Landschaft streicht, fallen sie allerdings in die Nähe des Gefrierpunktes – und bei bedecktem Himmel auch darunter.

Arktische Schneehasen tragen das ganze Jahr über Weiß. Ihre Artgenossen, die weiter südlich leben, haben im Sommer ein bräunliches Fell.

An die 40 Belugawale spielen stundenlang vor der Küste.

Kisten in der Wildnis steht und dem Geräusch der Hubschrauberrotoren nachlauscht, bis es sich allmählich in der Stille verliert, dann macht sich doch ein beklemmendes Gefühl breit. Wir sind allein, ganz auf uns gestellt: vier Biologen, darunter unser Expeditionsleiter Peter Prokosch, mein Assistent und ich. Werden wir uns auf das Funkgerät verlassen können, wenn wir Hilfe herbeirufen wollen? Werden wir das Gewehr brauchen, das jede Expedition mitführen muß, um aufdringliche Moschusochsen oder Eisbären auf Distanz zu halten?

Die dunklen Gedanken verfliegen, während wir unser Basislager am Olrikfjord einrichten. Das erste Etappenziel der vom WWF und vom Norddeutschen Rundfunk organisierten Grönlandexpedition ist erreicht. Die Suche nach dem Knutt kann beginnen.

Zu Fuß durch die Wildnis

Mal drücken die Schultergurte. Mal ist der Hüftgurt zu eng. Dann tut das Kreuz weh und man überlegt, ob man nicht wenigstens den Fotoapparat hätte zurücklassen sollen. Bei der Filmausrüstung, beim Proviant und bei den Utensilien der Biologen gab es nichts einzusparen. Tagtäglich tragen wir nun unsere schweren Rucksäcke mit uns herum. Zehn, zwölf Stunden lang, manchmal noch mehr.

Die einzigartige Landschaft, die Begegnung mit nie gesehenen Tieren entschädigt allerdings für manche Strapazen. Den weißen Belugawalen laufen wir fast zwei Stunden nach, bis wir sie unmittelbar vor uns haben. An die 40 Tiere spielen da vor der Küste. Majestätisch gleiten ihre hochgewölbten Rücken durch das Wasser. Blas glitzert im Sonnenlicht. Ein Kopf taucht auf. Eine Fluke. Und die ganz langsam im Tagesverlauf vorbeiziehenden Eisberge geben die phantastische Kulisse dazu ab.«

Im Thule-Distrikt reicht das mächtige Inlandeis vielfach bis an das Meer heran. Entsprechend schmal ist der eisfreie Küstenstreifen. Der Schnee taut selbst auf südexponierten Hängen nicht vor Ende Mai, in Nordlagen gar erst Ende Juni. Aus dem Boden, der auf Hunderte von Metern gefroren ist, weicht der Frost nur einen Spatenstich tief. Den Pflanzen reicht das schon. Wenn die Sonne im arktischen Sommer nicht mehr untergeht, entwickeln sie innerhalb weniger Tage eine ganz unerwartete Blütenpracht.

Die Pflanzen stehen allerdings meist vereinzelt und werden kaum mehr als 10 cm hoch. Karge, steinige Hänge und weite Geröllfelder prägen das Landschaftsbild. In den Senken haben sich Sumpfzonen mit Moosen und kurzen Gräsern entwickelt. An den Ufern einer Vielzahl offener Gewässer bauen Seetaucher, Eisenten oder Schneegänse ihre Nester.

Der Knutt bevorzugt höher gelegenes, trockenes Gelände. Und während er sich auf dem Zug mit anderen zusammenschließt, brütet er stets vereinzelt in der weiten Landschaft. Dabei vertraut er ganz auf seine dem Untergrund entsprechende Tarnfarbe und bleibt selbst dann noch still auf seinem Nest sitzen, wenn ein Mensch zwei Meter vor ihm steht. Entsprechend schwierig ist es selbst für versierte Wissenschaftler, einen brütenden Knutt zu finden.

Mit dem Seil vom Nest getrieben

»Neue Zuversicht. Wir haben einen Knutt rufen hören. Wieder einmal wird das 60 Meter lange Kunststoffseil ausgerollt, mit dessen Hilfe die Biologen den in stoischer Ruhe auf seinen Eiern hokkenden Knutt vom Nest scheuchen wollen. Anders hätten sie nur eine Zufallschance, den Vogel zu finden.

Sie ziehen das Seil zwischen sich über das Gelände. Kilometer für Kilometer. Ständig müssen sie an seinen Enden ziehen, damit es springt und nicht an den Steinen hängenbleibt.

Die Voraussetzungen scheinen dieses Mal günstig: Auf dem sanft nach Süden abfallenden Hang dürfte der Schnee schon vor Wochen, also schon während der Ankunft der Knutts getaut sein. Das Geröll hat eine Färbung, wie die Vögel

Gletschermohn: Die Blütenfarbe variiert zwischen Gelb und Weiß.

Mühsame Suche nach dem brütenden Knutt.

Ein Knutt sitzt auf seiner Brutmulde. Er vertraut auf seine Tarnfarbe.

Eine Falle für den Knutt: Der Bruttrieb ist so stark, daß der Vogel sich von dem Drahtkorb nicht abschrecken läßt.

sie haben. Hier wären sie wirklich gut getarnt. Und darüber hinaus gibt es auch Nahrung genug. Zwischen Gräsern und blühendem Gletschermohn taumeln Schnaken und andere Insekten herum.

Keiner hat den Knutt gesehen. Er hat gewartet, bis das Seil fast über ihm ist. Kein Schreckensruf. Kein Scheinangriff. Er springt einfach auf, läuft ein paar Meter und läßt seine Flügel hängen, als sei er verletzt. Sich selbst als vemeintlich leichte Beute bietend, versucht er, uns von seinem Gelege wegzulocken.

Die Biologen lassen sich davon nicht täuschen. Sie haben schnell einen simplen Drahtkäfig mit einem kleinen Schlupfloch über dem Nest aufgestellt und ziehen sich schon wieder hinter einen großen Felsbrocken zurück. Der Bruttrieb des Vogels scheint übermächtig. Er mustert den Käfig nur kurz von allen Seiten, schlüpft hinein, sobald er den Eingang entdeckt hat, und setzt sich sofort wieder auf seine Eier.

Das Funktionsprinzip der Falle bleibt dem Knutt verborgen. Denn als zwei der Biologen von der Seite des Schlupfloches auf den Käfig zugehen, versucht er in entgegengesetzter Richtung zu entkommen. Und schon ist er gefangen und muß das übliche Programm wissenschaftlicher Datenermittlung über sich ergehen lassen.«

Am Olrikfjord mögen wohl zehn, vielleicht zwanzig Knuttpaare gebrütet haben. Die meisten hatten früher mit der Brut begonnen, als es nach den spärlichen Angaben in der wissenschaftlichen Literatur zu erwarten gewesen wäre. Anfang Juli führten sie schon ihre Jungen zwischen Gesteinsbrocken und Grasbüscheln herum. Die Knuttküken laufen vom ersten Tag an, und sie suchen sich auch ihre Insektennahrung völlig selbständig. Trotzdem wären sie ohne den Schutz ihrer Eltern verloren. Wenn es regnet oder schneit, oder wenn auch nur der Wind zu scharf über die Tundra fegt, würden sie auf sich gestellt schlicht erfrieren.

Grundlagen für den Umweltschutz

Am Ende einer strapaziösen 14tägigen Grönlandexpedition waren nur ganze 36 Watvögel beringt worden: Beard-Strandläufer, Sandregenpfeifer, Steinwälzer und 24 Knutts, darunter eine Menge Jungvögel.

Laien wird das Ergebnis mager erscheinen. Doch für die Wissenschaft runden auch die Daten dieser Expedition das Bild. Wer den Wert solcher Unternehmungen anzweifelt, sollte sich klarmachen, wie wichtig biologische Grundlagenforschung ist. Ohne sie wäre es kaum

Ganz behutsam bekommt das Knuttküken einen numerierten Ring angepaßt.

möglich, Faktoren, die zur Gefährdung einer Art führen, richtig einzuschätzen. Ohne sie hätten Naturschutzprojekte lediglich den Charakter von Experimenten mit ungewissem Ausgang.

In der arktischen Tundra, in den Brutgebieten des Knutts, ist die Welt noch in Ordnung. Und gleiches gilt wohl auch für seine Überwinterungsgebiete. Doch der Weg von einem Ort zum anderen führt über das Wattenmeer. Und da, ganz dicht vor unserer Haustür, wird es infolge der stetig zunehmenden Umweltverschmutzung von Jahr zu Jahr gefährlicher für die Vögel. Sie vergiften sich mit den Muscheln, die sie aus dem Wattboden stochern, und ein einziger großer Ölunfall könnte schlagartig ihr Ende bedeuten. Das Ende der ganzen Art, denn von so einem Unfall wären mindestens 90 Prozent aller Knutts dieser Erde betroffen.

Die Umweltorganisationen warnen seit langem vor einer ökologischen Katastrophe, und sie wurden dafür häufig genug der Panikmache bezichtigt. Tausende toter Robben, angeschwemmt an deutschen Badestränden, haben der Verunglimpfung ehrlich und zu Recht besorgter Naturschützer ein Ende bereitet. Endlich soll nun mehr zum Schutz des Wattenmeeres getan werden. Daß es nicht reicht, Schilder mit der Aufschrift »Nationalpark« aufzustellen, hat sich, wie es scheint, herumgesprochen.

Kontakte
WWF-Wattenmeerstelle, Norderstraße 22,
2250 Husum

KORMORAN & CO.

Es muß ein unvorstellbar brutales Gemetzel gewesen sein: Die Schützen rückten jeweils während der Brutzeit in die Kolonien ein und zogen nicht eher wieder ab, bis auch der letzte Kormoran samt seinen Jungen aus dem Nest geschossen war. Mehrere 10 000 Vögel sind in den furchtbaren Schrotgewittern umgekommen, harmlose Kreaturen, denen, weil sie sich naturgegeben von Fischen ernährten, im Menschen ein kaltblütig mordender Futterneider erwachsen war. Um die Jahrhundertwende hatte das Schlachten ein Ende. Fast die gesamte mitteleuropäische Kormoranpopulation war ausgerottet. Nur in Polen und in den Niederlanden blieben ein paar Kolonien bestehen. Von dort aus konnten die Vögel inzwischen einen großen Teil ihrer ehemaligen Brutgebiete wieder besiedeln.

»Dänemark im März. Jens Gregersen führt uns durch einen langen, allseits mit Holzplanken abgeschirmten und von Dornengestrüpp überwucherten Gang mitten in die Brutkolonie der Kormorane. Wir können sie zwar noch nicht sehen, aber wir hören ihr seltsames Quorren, während wir über eine schmale, senkrecht montierte Leiter in einem Beobachtungsturm nach oben steigen. Erst von der leicht schwankenden Forschungsplattform überblicken wir die Kolonie. So an die 500 Kormorane sitzen gleichauf mit uns in den Wipfeln der zum großen Teil abgestorbenen Bäume. Manche scheinen zum Greifen nah, aber 10 Meter sind sie wohl dennoch von der Plattform entfernt.

... und winken stundenlang hinter den Weibchen her

Die meisten Vögel sind mit dem Nestbau beschäftigt. Einige klettern unbeholfen im Astwerk herum und versuchen mal hier und mal da einen der Zweige abzureißen; andere tragen das Nistmaterial von der nahen Ostsee heran. Sie landen mit klatschnassem Seetang im Schnabel und übergeben ihn nach lautstarker Begrüßung an ihre jeweiligen Partner, die geduldig neben den halbfertigen Nestern gewartet haben.

Ein Kormoran trägt Nistmaterial heran. Die weißen Federbüschel des Prachtkleides sind selbst im Flug deutlich zu sehen.

Kormorankolonie auf der dänischen Insel Vorsø: Die meisten Bäume sind durch den scharfen Kot der Vögel abgestorben.

Balzgehabe: Die Männchen winken mit halb abgewinkelten Schwingen hinter den Weibchen her.

Solche Arbeitsteilung scheint durchaus notwendig, denn wo keiner das Nest bewacht, wird das bereits eingetragene Nistmaterial schnell mal geklaut.
Inmitten des geschäftigen Treibens setzen die noch unverpaarten Kormorane Kontrapunkte. Die Männchen hocken in stoischer Ruhe auf den von ihnen ausgewählten Nistplätzen und winken stundenlang hinter den paarungswilligen Weibchen her. Den Federstoß, den Kopf und den Hals steil gen Himmel gereckt, klappen sie ihre halb abgewinkelten Schwingen in gemessenem Tempo und merkwürdig mechanisch wirkendem Rhythmus auf und ab. Im gleichen Takt blitzen sonst verdeckte weiße Federn an ihren Flanken auf, die ihnen, wie die übrigen weißen Schmuckfedern, schon bald nach der Balzzeit wieder ausfallen werden.«

Das Kormoranparadies liegt in Dänemark auf der kleinen Insel Vorsø im Horsensfjord, und Jens Gregersen und seine Mitarbeiter in der Forschungsstation sind die einzigen Menschen, die das streng geschützte Naturschutzgebiet noch betreten dürfen. Auf Vorsø bleibt sich die Natur in aller Konsequenz selbst überlassen. Rund 8 000 Vögel leben heute dort, Krähen und Reiher in je einer, die Kormorane gleich in 3 Brutkolonien. In Dänemark haben sich die Kormorane schon während der 30er Jahre an verschiedenen Orten wieder angesiedelt, und ihr Bestand gilt dort mit inzwischen über 10 000 Brutpaaren als gesichert.

Stimulanz: Verpaarte Kormorane begrüßen sich mit langgereckten Hälsen. Häufig reiben sie sich auch zärtlich aneinander.

Während der Paarung »kneift« das Männchen dem Weibchen in den Hals. Die auffälligen weißen Häubchen tragen beide nur in der Balzzeit.

In der Bundesrepublik entstanden gegen Ende der 40er Jahre neue, aber leider kaum entwicklungsfähige Kormorankolonien an der niedersächsischen Nordseeküste. Noch einmal 30 Jahre später begannen die Vögel dann am Ismaninger Speichersee in Bayern zu brüten. Doch insgesamt wurden bis zur Mitte der 80er Jahre kaum 100 Brutpaare jährlich gezählt.

Totschlag-Mentalität

Vor allem in den traditionellen Brutgebieten Schleswig-Holsteins wurden alle Ansiedlungsversuche des Kormorans zunächst durch die alte Totschlag-Mentalität des Menschen vereitelt. In 3 aufeinanderfolgenden Jahren, 1982, 1983 und 1984, versuchten Kormorane eine Kolonie am Plöner See zu gründen. Aber sie wurden von Unbekannten vertrieben, ihre Nester wurden zerstört, und am Ende hat man sogar auf die Vögel geschossen. Alles wie gehabt, mit dem Unterschied nur, daß Kormorane inzwischen durch das Bundesnaturschutzgesetz geschützt waren.

Für Naturschützer war klar, aus welcher Ecke die Angriffe vorgetragen wurden. Hatten doch die schleswig-holsteinischen Fischer Klage darüber geführt, daß die Rückkehr des ein für allemal ausgerottet geglaubten Kormorans erneut ihre Existenz gefährde. In einer Fachzeitschrift für Jäger und Fischer erschien ein Artikel mit der Überschrift »Hitchcock im Fischwasser«. Friedliche Fische, hieß es da, würden zunehmend von terroristischen Vögeln gejagt, die aus Gruselfilmen stammen könnten. Die Kormoranscharen zerfleischten kostbaren Fischbesatz, und die Bürger, die sich der Erhaltung und der Vermehrung der Fische verschrieben hätten, verlören ihr Vermögen, ihr Einkommen und die Freude am Beruf. In einer solchen Notstandssituation, meinte der unter dem Pseudonym Wolf zeichnende Verfasser, müßte es dem Fischer erlaubt sein, die Gefahr abzuwenden, notfalls mit der Waffe in der Hand (14).

Die Identität des Verfassers Wolf, der öffentlich darüber nachdachte, wie man das Bundesnaturschutzgesetz umgehen könnte, scheint geklärt: In mehreren bisher unwidersprochenen Veröffentlichungen (15, 16) wurde der Hitchcock-Artikel einem beamteten Mitarbeiter der Fischereibehörden zugeschrieben, einem Landesbediensteten, der unserer demokratischen Grundordnung besonders verpflichtet ist. Immerhin hat er einen sicheren Blick für terroristische Angriffe bewiesen, und seien sie auch nur von Vögeln vorgetragen.

Am Ende kam alles noch schlimmer: Im Jahre 1985, als erstmals wieder ein paar Kormorane erfolgreich im nördlichsten Bundesland brüteten, wurde dort eine Abschußverordnung rechtskräftig, noch bevor die Jungvögel überhaupt flügge waren. Und im gleichen Jahr mußten auch schon die ersten Kormorane dran glauben.

Nur 3 Jahre später fuhr der Bayerische Landesfischereiverband schweres Ge-

Die Jungen sind geschlüpft. Kormorane lieben die Geselligkeit. Kolonien mit mehr als 1000 Vögeln sind keine Seltenheit.

Die eben geschlüpften Küken werden noch ständig von den Altvögeln bewacht. Später bleiben die Jungen sich auch schon mal für längere Zeit selbst überlassen.

schütz auf: Er verlangte, die Kormoranbestände Bayerns um 80% zu dezimieren. Da die Organisation, in der Sportangler und Berufsfischer zusammengeschlossen sind, gleichzeitig als anerkannter Naturschutzverband gilt, fragt man sich verwundert, was die bayerischen Petrijünger wohl unter Naturschutz verstehen. Wenn Angler im Interesse ihres Sports zum Abschuß eines geschützten Vogels aufrufen, dann sind die Ziele des Naturschutzes grob vernachlässigt. Und da erscheint es nur folgerichtig, daß der Landesbund für Vogelschutz überprüft wissen möchte, ob der Fischereiverband weiterhin als Naturschutzverband anerkannt werden könne (17).

Am Hals aus dem Nest gehoben

»Dänemark im Mai. Auf Vorsø sind die jungen Kormorane geschlüpft. Die größeren unter ihnen bleiben schon mal für ein paar Stunden allein und streiten sich so heftig, daß man befürchtet, sie würden alle gemeinsam aus dem Nest fallen. Doch wenn plötzlich alle aufgeregt die Hälse recken, kann es nicht mehr lange dauern, bis einer ihrer Eltern zur Fütterung auf dem Nestrand landet. Alle drei, vier, manchmal sogar fünf Jungen bedrängen den Altvogel gleichzeitig. Sie betrillern seinen Kehlsack, bis er sich schließlich mit weit geöffnetem Schnabel herunterbeugt. Sofort stößt eines der Jungen mit seinem ganzen Kopf tief in den Schlund hinein, um die vorverdaute Nahrung zu übernehmen.

An diesem Tag wird die Fütterung allerdings jäh unterbrochen. Die Altvögel setzen sich ab. Die Jungen verharren völlig regungslos. Selbst das lautstarke und sonst nie abreißende Quorren verstummt schlagartig. Wenig später tastet sich eine Hand über den Nestrand vor, wird heftig attackiert, greift trotzdem beherzt nach dem Hals eines der jungen Kormorane und hebt ihn wie einen nassen Sack aus dem Nest. Jens Gregersen steht in luftiger Höhe in einem der morschen Bäume und legt den Vögeln numerierte Ringe an. Er und seine Mitarbeiter reisen in diesen Tagen durch ganz Dänemark, um den Kormorannachwuchs für wissenschaftliche Untersuchungen zu markieren. Das ist keine leichte Arbeit. Denn abgesehen davon, daß die Beringer ständig in der Gefahr leben, von den morschen Bäumen zu stürzen, müssen sie auch höllisch aufpassen, daß sie den ätzenden Vogelkot nicht in die Augen bekommen.«

Nur ausnahmsweise Edelfisch

Aus Untersuchungen in Dänemark, in Schweden und in der Schweiz weiß man, daß sich Kormorane an Binnenseen unter natürlichen Bedingungen überwiegend von Weißfischen ernähren, die in so großer Zahl und so schnell nachwachsen, daß praktisch keine wirtschaftlichen Einbußen zu erwarten sind.
Nach Ansicht der Fischer sind solche Untersuchungsergebnisse auf deutsche Verhältnisse nicht ohne weiteres übertragbar. Der Einwand scheint auf den ersten Blick plausibel, weil die Fischer die natürliche Artenzusammensetzung in unseren Seen völlig verändert haben. Sie haben die Weißfische, die hierzulande als »Fischunkraut« gelten, abgefischt und statt dessen Edelfische wie Aale und Maränen ausgesetzt und massiv ge-

Nahrung direkt aus dem Schlund.

Die jungen Kormorane greifen jeden, der ihnen zu nahe kommt, meist recht beherzt an.

Fest im Griff: Das Beringen schadet den Vögeln nicht.

Immer noch ein seltenes Bild: Kormorane im schlichten Winterkleid auf einem Rastplatz entlang ihres Zugwegs nach Süden.

Eine typische Haltung: Weil sein Gefieder nicht wasserabstoßend ist, muß es der Kormoran nach jedem Tauchgang trocknen.

fördert. Was blieb dem Kormoran da anderes übrig, als sich auch von edlen Fischen zu ernähren? Vor diesem Hintergrund wirkt der Zwischenbericht zu einem Gutachten des schleswig-holsteinischen Landesfischereiamtes dann allerdings direkt erstaunlich: Daraus geht nämlich ebenfalls hervor, daß kommerziell genutzte Fischarten auch bei uns nur zu 11,5 Prozent, nicht verwertbare Fischarten dagegen zu 82,5 Prozent in der Nahrung des Kormorans vertreten sind (18). Mit solchen Zahlen läßt sich kein »Hitchcock im Fischwasser« in Szene setzen.

Rastplatz im Schutz der Grenze

»Deutschland im September. Die Grenzer fahren mit ihrem Boot ganz dicht am Ufer vorbei. Nur ein paar hundert Meter weiter, mitten durch den schleswig-holsteinischen Schaalsee, verläuft die Grenze zwischen West und Ost.

Wir warten schon seit Stunden auf die Kormorane. Als ich nahe dran bin, das Versteck zu verlassen, höre ich endlich ihr vertrautes Quorren. Die Vögel fallen auf ihrem Rastplatz ein. An die 400 sind

es wohl. Sie kommen aus Dänemark und werden in ein paar Tagen, vielleicht aber auch erst in ein, zwei Wochen weiter nach Süden ziehen. Doch vorerst scheint es sie nicht weiterzutreiben. Sie hocken in der so typischen Haltung mit ausgebreiteten Flügeln auf den Buhnen, um ihr Gefieder zu trocknen, sie putzen sich ausgiebig oder sie dösen einfach vor sich hin.

Nur ganz wenige Kormorane gehen weiter draußen auf dem See noch dem Fischfang nach. Sie schwimmen aufmerksam hin und her, stecken dabei den Kopf immer wieder in das Wasser und verschwinden urplötzlich unter der Oberfläche. Nach rund einer halben Minute tauchen sie meist ein gutes Stück entfernt wieder auf und bringen gelegentlich einen zappelnden Fisch im hakig gebogenen Schnabel mit nach oben. Den drehen und wenden sie in der Luft hin und her, bis sie ihn schließlich mit dem Kopf voran verschlingen können.«

Ein ausgewachsener Kormoran verzehrt pro Tag im Durchschnitt etwa 400 Gramm Fisch. Demgegenüber unterstellten Fischer der gehaßten »Aalkrähe« immer neue Gefräßigkeitsrekorde. Bis zu 3 Kilogramm Fisch soll sich der Vogel durch den dehnbaren Schlund gezwängt haben. Weil damit sein Fassungsvermögen, ja, sogar sein eigenes Gewicht deutlich überschritten war, mutmaßte man, er würde sich von Zeit zu Zeit erbrechen, wie es einst die freßsüchtigen Römer taten, um ihre Gelage gleich anschließend fortzusetzen. Doch solche Degenerationserscheinungen wurden im Tierreich bisher noch nicht beobachtet – sie blieben den Menschen vorbehalten.

Kormorane lohnen sich

Bis vor wenigen Jahren konnte man mit der dem Kormoran unterstellten Gefräßigkeit in Schleswig-Holstein trefflich Geschäfte machen. Und das ging so: Da pachtete ein Fischer für ein paar hundert Mark einen kleinen See vom Landkreis. Nachdem sich dort 1983 während der Zugzeit 100 Kormorane aufgehalten hatten, machte der Fischer Totalverlust geltend und bekam vom Land etwa 40 000 DM als Schadensersatz. Das schlechte Beispiel machte schnell Schule. Im Jahr darauf waren die Schäden der Fischer angeblich bereits auf über 500 000 DM angewachsen. Angesichts so unverschämter Forderungen mochte die Landesregierung allerdings nicht mehr mitspielen. Sie entschied sich für die schon erwähnte und zugegebenermaßen preiswertere Abschußregelung. Dabei hätte es durchaus andere Möglichkeiten gegeben.

Die einjährigen Kormorane sind gut an ihrem hellen Brustgefieder zu erkennen.

So schlugen nicht nur Naturschutzorganisationen, sondern auch die Staatliche Vogelschutzwarte vor, Seen, die sich in öffentlichem Besitz befinden, entweder gar nicht mehr zu verpachten oder nur noch mit der Auflage, daß fischverzehrende Vögel zu dulden seien. Denn, so schreibt Dr. Wilfried Knief, ein wissenschaftlicher Mitarbeiter der Vogelschutzwarte, Gewässer, die dem Bund, dem Land, dem Kreis oder der Gemeinde gehören, dürften nicht mehr ausschließlich die Funktion von Fischproduktionsstätten haben. Statt dessen müßte ihre Bedeutung als Lebensraum für wildlebende Tiere anerkannt und entwickelt werden (18). Beim Kormoran wäre das sehr einfach. Er könnte ohne besondere Stützungsmaßnahmen in unserer für viele andere Tiere so problematischen Kulturlandschaft leben. Man müßte ihn nur in Ruhe lassen.

Die in Schleswig-Holstein eingeführte und für Bayern geforderte Abschußpraxis aber entlarvt politische Absichtserklärungen für mehr Naturschutz als bloße Lippenbekenntnisse, und sie verletzt darüber hinaus EG-Recht und verschiedene internationale Verträge. Nach der EG-Vogelschutzrichtlinie müßten für den Kormoran und seinen Lebensraum sogar besondere nationale Schutzmaßnahmen getroffen werden, die sein Überleben und seine Vermehrung sicherstellen. Gleichzeitig besteht ein Jagdverbot im Geltungsbereich der Richtlinie, mithin auch in der Bundesrepublik. Doch wie es scheint, gilt das wirtschaftliche Interesse einzelner mehr als internationale Verträge. Das ist um so erstaunlicher, als wir in einer Überflußgesellschaft leben, die täglich Millionenbeträge für die Lagerung und Vernichtung überflüssiger Nahrungsmittel aufwendet und durchaus verschmerzen könnte, was Kormoran und Reiher, Taucher, Säger und Eisvogel so zum Leben brauchen.

Massenansammlung der Kormorane, wie man sie bisher nur vor der dänischen und der holländischen Küste beobachten kann.

Rote Liste

Vögeln, die sich von Fischen ernähren, scheint ein Platz auf der Roten Liste sicher: Der Fischadler ist ausgerottet, der Kormoran war es fast 100 Jahre lang. Seeadler, Weiß- und Schwarzstorch sind vom Aussterben bedroht, Reiher, Säger, einige Taucherarten und der Eisvogel sind zumindest gefährdet. Sie alle haben in unserer flurbereinigten und trockengelegten Landschaft mit ihren begradigten, betonierten und verrohrten Bächen und Flüssen und ihren für die Fischzucht und allerlei Freizeitbeschäftigungen reservierten Teichen und Seen den Lebensraum verloren. Wo noch letzte Reste einigermaßen intakter Lebensräume erhalten sind, da wird den Vögeln nicht selten mit Fallen oder Pulver und Blei der Garaus gemacht.

Der Landesbund für Vogelschutz in Bayern berichtete z.B. von jungen Eisvögeln, die elend in ihrer Bruthöhle verhungert waren. Ein Unbekannter hatte den Eingang mit einer Flasche verschlossen (19). Und das ist gewiß nicht unbedacht geschehen, denn solche Untaten ereignen sich nur, wo Fische gezüchtet werden und wo Angler ihrem Sport nachgehen.

Der WWF-Mitarbeiter Thomas Neumann schreibt, das Töten von Eisvögeln mit auf Sitzstangen angebrachten Klappfallen und der Abschuß einzelner durchziehender Fischadler gehöre eher zu den spektakulären Ausnahmefällen. Dagegen sei unter Eingeweihten bekannt, daß Säger und Taucher durch die sogenannte ordnungsgemäße Fischerei mit flachgestellten Netzen gleich zu Hunderten umkämen (20).

Fischer haben oft genug unter Beweis gestellt, wie wenig Hemmungen sie haben, Vögeln, die von Fischen leben, an die Federn zu gehen. So wurden in Bayern in nur 6 Jahren 3360 Graureiher abgeschossen, 1986 allein 56 Graureiher in einem einzigen Jagdrevier im Landkreis Pfaffenhofen. Nach geltendem Recht, beklagt der Landesbund für Vogelschutz, müßte der Abschuß eines Reihers den Charakter einer Ausnahme haben, in der Praxis aber habe man es mit Massenmord an einer Vogelart zu tun, die nach europäischem Recht geschützt ist und in der Bundesrepublik generell keine Jagdzeit hat (21).

Der Bund für Vogelschutz weiß noch über andere Scheußlichkeiten zu berichten, z.B. über eine Vergiftungsaktion in der Nähe von Erlangen. Da waren auf den Dämmen zwischen den Teichen einer Fischzuchtanlage Giftköder ausgelegt worden, um die lästigen Reiher lautlos zu beseitigen. Es traf allerdings eine Storchenfamilie, 3 Jungstörche und die beiden Altvögel, die vergiftet und tot in ihrem Horst gefunden wurden (22).

Vogelscheuche am Weiher. Naturschützer haben einen abgeschossenen Reiher gefunden, der zur Abschreckung seiner Artgenossen kopfüber am Fischteich aufgehängt wurde.

◁ Wenn einer der Eltern während der Brutsaison ausfällt, müssen die jungen Graureiher im Nest verhungern.

FÜR EIN PFUND SCHMETTERLINGE

Sie scheinen sehr zerbrechlich, und doch legen einige von ihnen in ihrem kurzen Leben Tausende von Kilometern zurück: Schmetterlinge, faszinierende Geschöpfe, die prädestiniert sind, uns die Augen für die Wunder der Natur zu öffnen. Doch leider geraten Schmetterlinge immer häufiger auf die

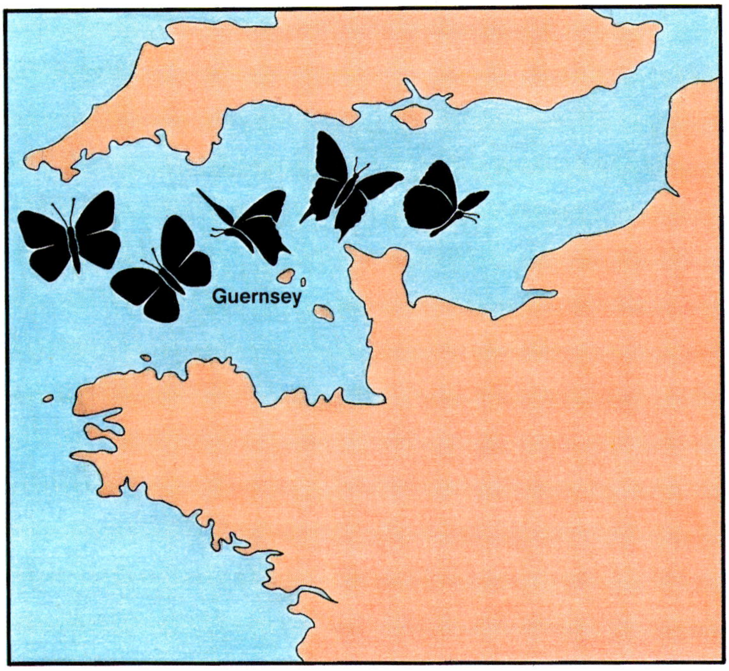

◁ **Langstreckenflieger: Der Distelfalter überwintert nur südlich der Alpen, aber er wandert jedes Jahr bis weit nach Nordeuropa ein. Sogar auf Island wird er beobachtet.**

Roten Listen der gefährdeten Tiere. Bei den Tagfaltern sind es schon mehr als die Hälfte aller Arten. Ähnliche Überlegungen mögen eine Rolle gespielt haben, als das »Project Papillon« entstand.

Auf einem schroffen Felsen vor der kleinen Insel Alderney brüten Hunderte von Baßtölpeln.

Man kann sicher nicht behaupten, die Menschen hätten auf Jersey und Guernsey und deren kleineren Nachbarinseln im Ärmelkanal keine Spuren hinterlassen. Aber es scheint, als wäre dort ein Kompromiß gefunden, der die faszinierende Vielfalt der Natur sogar noch um einige Facetten bereichert. Die wilde, unberührte Schönheit der Küstenregion ist bis heute erhalten. Auf kleinen, schroffen Felsinseln brüten Baßtölpel und Papageitaucher, im gelb blühenden Gestrüpp des Stechginsters entlang der hohen Steilufer der beiden größeren Inseln Provencegrasmücken und Schwarzkehlchen. Die eher liebliche Landschaft des Landesinneren hat sich dagegen über die Jahrtausende verändert. Sie ist durch den Eingriff des Menschen heute viel reicher strukturiert, als sie es von Natur aus je war. Uralte Laubwälder und

Das männliche Schwarzkehlchen, ein naher Verwandter des Rotkehlchens: Der attraktive Vogel zählt in der Bundesrepublik leider auch schon zu den gefährdeten Arten.

Wiesen wechseln einander ab. Sie sind von säuberlich aufgeschichteten Steinmauern durchzogen, doch die Bäche dazwischen folgen immer noch ihrem natürlichen, so erfrischend unordentlichen Lauf. Auch die engen und kurvenreichen Landstraßen, die selbst sportlichen Fahrern den Fuß vom Gaspedal zwingen, passen sich der Gestalt der Landschaft an und nicht umgekehrt.

Natürlich gibt es auch den berühmten Wermutstropfen im Wein: Zu kräftig gedüngte Wiesen stehen aufgedunsen in langweiligem Einheitsgrün. Farbenfrohe Blumenwiesen findet man selten, meist nur noch in Schutzgebieten. Statt dessen stößt man in den aufgeräumten Gärten rund um die freundlichen Landhäuser häufig auf Pflanzen, die sonst erst wieder im Mittelmeerraum gedeihen. Das milde Klima des Golfstroms macht's möglich.

Trauben, Tomaten und Schmetterlinge

Das milde Klima hat die Inselbewohner schon im vorigen Jahrhundert auf eine einträgliche Einnahmequelle gebracht. Sie zogen Wein in großen Gewächshäusern und verkauften ihn für gutes Geld nach England. Als der Absatz ins Stokken geriet, stellte man sich um und zog Tomaten statt Trauben. Nachdem um 1960 aber auch aus dem Tomatengeschäft die Luft raus war, wußten die Insulaner nicht mehr so recht, was sie mit all ihren Glashäusern anfangen sollten. Ein Tomatenmuseum konnte schließlich nur einer von ihnen aufmachen, und der dort als Weltsensation angebotene Tomatenwein verkauft sich auch nicht so gut, daß er die alte Tomatenherrlichkeit wieder hätte beleben können. Und so wird in den Gewächshäusern, die bis heute noch nicht verfallen sind, alles mögliche gezüchtet: Blumen, Kiwis, na ja, und eben auch Schmetterlinge.

Mancher Züchter scheint vor allem an der Zucht exotischer Schmetterlinge gut zu verdienen. Die Idee, tropische Gärten unter Glas einzurichten und zahlende Besucher zwischen bunten Riesenschmetterlingen lustwandeln zu lassen, wurde in verschiedene Länder des Kontinents exportiert. Der notwendige Nachschub an lebenden Tieren stammt vielfach von den Züchtern auf den Kanalinseln.

Durch das »Project Papillon« wurden Schmetterlinge schließlich sogar zu geflügelten Boten der Fremdenverkehrswerbung. Anfangs suchten die Werbemanager sicher nur nach einer zündenden Idee, um die Insel Guernsey als Reiseziel ins Gespräch zu bringen. Was dabei herauskam, unterschied sich jedoch wohltuend von den üblichen Feldzügen der Touristikbranche und war sozusagen eine mit den Mitteln der Fremdenverkehrswerbung finanzierte Naturschutzinitiative. Sinnvoller kann man einen Werbeetat kaum einsetzen.

Schmetterlingsfutter mit Brennhaaren

»Feste Handschuhe gehören zu ihrem Handwerkszeug. Kate hockt in einem Meer von schwarzen Kunststoff-Blumentöpfen voller kahlgefressener Pflanzenstengel und stutzt sie sorgsam zurecht. Man traut seinen Augen nicht: All ihre Aufmerksamkeit gilt ordinären Brennesseln. Denn die spielen im ›Project Papillon‹ eine wichtige Rolle.
Kate leitet die kleine Schmetterlingsfarm. Aber was heißt das schon bei einem Team, in dem außer ihr selbst nur noch 2 angelernte Helfer arbeiten: Sie ist ihr eigener Gärtner, ihr Züchter, ihr Expedient und ihr Buchhalter. Sie ist das Mädchen für alles. Und so trägt sie die Töpfe mit den zurückgeschnittenen Brennesseln auch selbst in das Gewächshaus und stellt sie zu den anderen, in denen das Gestrüpp schon wieder gewaltig gewachsen ist. Ein junger Mann besprüht die Pflanzen mit Wasser, während Kate im hinteren Teil des Raums in gazebespannten Verschlägen, den begehbaren Zuchtkäfigen der Schmetterlinge, verschwindet.
Den Insekten scheint die Wärme und die tropisch hohe Luftfeuchtigkeit gut zu bekommen. Uns macht sie dagegen schwer zu schaffen. Unsere Objektive beschlagen, und die moderne elektronische Steuerung der Kamera fällt aus. Erst nachdem ein älterer, simpler gebauter Kameramotor montiert ist und die Linsensysteme nach gut einer Stunde die Umgebungstemperatur angenommen haben, können wir uns voll auf unsere Arbeit konzentrieren.«

In der Antarktis gibt es wohl keine Schmetterlinge, doch sonst haben sie je-

Die Brennessel: für viele Insekten eine nicht zu ersetzende Nahrungspflanze.

Der Admiral ist einer der Schmetterlinge, deren Raupen fast ausschließlich auf Brennesseln leben. Nur selten findet man sie auf Disteln.

An der schroffen Felsküste von Alderney, einer der kleineren Kanalinseln.

Castle Cornet, die mächtige Festung vor dem Hafen von St. Peter Port auf Guernsey. Über Jahrhunderte waren ihre Mauern uneinnehmbar.

Englische Bastionen vor Frankreichs Küsten

Sie dümpeln südlich der Normandie im Schatten der französischen Küste. Und dennoch gehören Jersey und Guernsey und die Handvoll kleinerer Inseln drumherum zu England, das 3- bis 4mal weiter entfernt liegt.

Die Inseln haben eine bewegte Geschichte hinter sich. Sie gehörten tatsächlich einmal zum Herzogtum Normandie. Aber als der Normannenherzog Wilhelm der Eroberer im Jahr 1066 England bezwang und selber den englischen Thron bestieg, wurden sie automatisch in den normannisch-angelsächsischen Staat beiderseits des Ärmelkanals einbezogen. Später zerbrach dieses Staatengebilde wieder, doch die Inseln blieben bei England. Noch während der Normannenherrschaft waren ihnen eine Reihe von Privilegien gewährt worden, die sie erstaunlicherweise über die Jahrhunderte erhalten konnten. Und so genießen Jersey und Guernsey heute eine gewisse staatliche Unabhängigkeit unter dem Schutz der britischen Krone. Sie haben eigene Briefmarken, eigenes Geld und eigene Gesetze. In außen- und verteidigungspolitischen Fragen vertritt allerdings das gut 130 Kilometer entfernte England die Insulaner.

de Region der Erde besiedelt. Weltweit gibt es mehr als 150 000 Arten, in Mitteleuropa immerhin noch fast 4000. Die meisten von ihnen gehören allerdings zu den kleinen, eher unscheinbaren Motten oder zu den Nachtfaltern, die sich in vielen Fällen ähnlich sehen. Die Gruppe der europäischen Tagfalter umfaßt dagegen nur 170 Arten.

Geschmackssinn an den Füßen

Am eindrucksvollsten ist natürlich der voll entwickelte Schmetterling, das Imago, wie die Wissenschaftler sagen. Aber man darf dabei nicht vergessen, daß der Lebenszyklus der Tiere aus 4 verschiedenen Entwicklungsstadien besteht.

Da ist zunächst das Ei. Die Schmetterlingsweibchen suchen sich den Ort, an dem sie ihre Eier ablegen, meist sehr sorgfältig aus. So überprüfen sie z. B. mit Hilfe ihrer Geschmackssinne, die sie übrigens an den Füßen tragen, ob eine Pflanze auch die notwendigen Nährstoffe für ihre Raupen enthält. Und da kommt nun die Brennessel ins Spiel. Denn so unattraktiv uns die Pflanze auch erscheinen mag, für Insekten ist sie überaus wertvoll. Über 100 Arten ernähren sich von der Brennessel, darunter 31 Schmetterlingsarten.

Die Eier des Admirals. Die meisten mitteleuropäischen Schmetterlinge legen so kleine Eier, daß man sie auf den ersten Blick meist übersieht.

Wer das weiß, braucht sich nicht mehr zu wundern, daß es in unseren Gärten immer weniger Schmetterlinge gibt. Auf Ordnung bedachte Freizeitgärtner machen oft allen vermeintlich wertlosen Wildkräutern den Garaus und entziehen vielen Insekten auf diese Weise ungewollt die Nahrungsgrundlage.

Aus dem Schmetterlingsei schlüpft nach rund 2 Wochen eine winzige Raupe. In der Regel frißt sie zuerst ihre Eihülle, bevor sie sich mit großem Appetit über die nächstliegenden Blätter hermacht. Auch die Raupe erkennt ihre Nahrung sofort und würde, wenn das Schmetterlingsweibchen die Eier an der falschen Pflanze abgelegt hätte, eher verhungern, als etwas zu fressen, was ihr nicht bekommt.

Der Körperbau der Raupe ist einfach. Sie besitzt praktisch keine Organe, die nicht irgendwie für ihre wichtigste Aufgabe, für das Fressen, gebraucht werden. Während sie um ein Vielfaches ihres Gewichts und ihrer Größe zunimmt, dehnt sich ihre Haut, aber sie wächst nicht mit. Und so frißt das Tier buchstäblich, bis es aus der Haut platzt. Es häutet sich mehrfach und verwandelt sich schließlich in die Schmetterlingspuppe.

Per Post übers Meer

»Der Kleine Fuchs taucht seinen Saugrüssel tief in die gelbe Blüte der Studentenblume ein. Doch sein Appetit auf Süßes scheint keineswegs gestillt, und so läßt er sich nach kurzem Flug auf einer Kunstblume nieder, um noch etwas zuckrige Nährlösung aufzusaugen.

Kate inspiziert die gut entwickelten Brennesselstauden, an deren Blättern schon hier und da Gelege haften. Alle kleinen Raupen, die schon geschlüpft sind, streift sie mit einem Pinsel ab. Sie werden in kleinere Gazekäfige umquartiert und dort immer ausreichend mit frischem Grün versorgt, bis ihr Wachstum beendet ist und sie sich zur vorerst letzten Häutung kopfüber an einen Pflanzenstengel heften. In diesem Stadium wirken sie prall und starr, und wenn

Kleiner Fuchs an der Zucker-Tankstelle. Um jedem Mangel vorzubeugen, stehen in den Gehegen Kunstblüten und Schwämmchen mit zuckriger Lösung bereit.

Raupenmast: Mit Hilfe eines weichen Pinsels streift Kate die verletzlichen Raupen von den Pflanzen in den großen Fluggehegen ab und setzt sie in überschaubare Gazekäfige um.

ihre Haut am Kopf aufreißt und sich zu einem unscheinbaren kleinen Knäuel an ihrem Schwanzende zusammenzieht, dann kommt darunter schon die fertige Schmetterlingspuppe zum Vorschein. Für die nächsten 10 bis 14 Tage wird sie sich nicht mehr von der Stelle rühren. Zeit genug für den Versand.

Kate schneidet die Puppen vorsichtig mit den Stengelenden von den nun kahlgefressenen Pflanzen ab und packt sie zwischen Watte gebettet in kleine Pappschachteln. ›A Gift from Guernsey‹ steht darauf, ein Geschenk aus Guernsey, und dann der Hinweis, daß sich lebende Tiere in der Schachtel befinden, die sofort nach dem Empfang ausgepackt werden sollten. Damit die Puppen auch wirklich rechtzeitig vor dem Schlupftermin ankommen, bringt Kate die Päckchen an jedem Nachmittag persönlich zum nächsten Postamt.«

In kleinen Pappschachteln geht die lebende Fracht auf die Reise.

Mit einem Pfund dabei

Seit 1984 züchtet das Team vom »Project Papillon« nun schon Schmetterlinge, keine Exoten, sondern einheimische Arten wie den Admiral, den Distelfalter, den Kleinen Fuchs, das Tagpfauenauge und das Waldbrettspiel. In Tausenden von Päckchen wurden ihre Puppen vorwiegend nach England verschickt. Schulklassen und Naturschutzgruppen, aber auch einzelne interessierte Bürger waren die Abnehmer. Und die Nachfrage ist weiterhin groß.

Die Kosten des Projekts trägt der Staat Guernsey. Doch um unüberlegten Bestellungen vorzubeugen, muß sich jeder Interessent mit einem Englischen Pfund beteiligen. Das Pfund reicht gerade für die Verpackungs- und Portokosten, der lebende Inhalt, die Schmetterlingspuppen, sind tatsächlich ein Geschenk aus Guernsey.

»Dave hatte schon vor Monaten nach

Das Waldbrettspiel, ein Schmetterling der lichten Laubwälder. Seine Raupen leben von verschiedenen Gräsern.

Das Tagpfauenauge. Auch dieser schöne Augenfalter ist weitgehend von der Brennnessel abhängig. Als Ersatz akzeptieren seine Raupen nur noch den Hopfen.

Guernsey geschrieben, seinem Brief die obligatorische Pfundnote beigelegt und so die Schmetterlingspuppen bestellt. Jetzt drängen sich seine Schüler um das Päckchen und versuchen einen Blick hinein zu werfen. Zwei der Jungen dürfen die Puppen an einer Topfpflanze aufhängen. Sie betupfen deren Blätter und die kurzen, abgeschnittenen Brennnesselstengel am Fußende der Puppenhüllen mit Klebstoff, warten ein paar Minuten, um die Klebe ein bißchen antrocknen zu lassen, und fügen beide Teile dann ganz vorsichtig zusammen. Wie bizarre Früchte hängen die Puppen schließlich an der Pflanze, die gleichzeitig Blüten treibt und damit später auch noch ihren Teil zur Versorgung der Schmetterlinge beitragen wird.«

Dave ist seit vielen Jahren Lehrer an der Galleywall School, einer Grundschule im Londoner Stadtteil Bermondsey. Das graue Arbeiterwohnviertel ist noch mehr heruntergekommen, seit in den Docks entlang der Themse viele Arbeitsplätze verlorengingen. Nach Bermondsey verirren sich nur selten Schmetterlinge. Solche Defizite versucht Dave abzubauen. Über mehrere Monate arbeitet er mit seinen 8jährigen Schülern an einem großen Schmetterlingsprojekt. Und das ist nicht nur eine Sache des Natur- und Heimatkundeunterrichts. Ganz gleich, ob nun beim Lesen, Schreiben oder Rechnen, beim Malen oder Werken, immer werden die Schmetterlinge irgendwie in den Unterricht einbezogen. Fachliteratur türmt sich im Klassenraum,

Begeisterung für die Schmetterlinge: Dave Boalch holt die Natur in das triste Klassenzimmer seiner Schule im Londoner Arbeiterwohnviertel Bermondsey.

Zeichnungen und Collagen schmücken die Wände, darunter interessante grafische Darstellungen zur Systematik der Tierwelt, die auch die Grundsätze mathematischer Mengenlehre erkennen lassen.

Vor dem Fenster des Klassenraums ist ein leichtes Gehege aufgebaut, in dem sich der gesamte 4teilige Lebenszyklus der Schmetterlinge vor den Augen der Schüler abspielt. Nur was in den Puppenhüllen passiert, bleibt ihnen verborgen.

Ein Herz für Schmetterlinge

»Die Metamorphose, die vollständige Verwandlung von der Raupe zum Schmetterling, ist sicher eines der großen Wunder der Natur. Mit optischen Spezialgeräten ist es uns gelungen, den Vorgang wenigstens teilweise zu verfolgen. Verblüffend, zu sehen, wie sich die Raupe vollständig auflöst. Aus einer Art Flüssigkeit ordnet sich alles neu. Organe werden sichtbar, Adern mit feinen Verästelungen, das sind die Tracheen, Röhren, in denen später die Atemluft durch den Körper des Insekts strömen wird. Wenn man die Flügel des Schmetterlings dann mit dem bloßen Auge durch die Puppenhülle schimmern sieht, ist es bald soweit. Die Hülle platzt am Kopfende auf, und der Schmetterling zwängt sich unter Mühen aus der zu eng gewordenen Haut. Für einen Moment wirkt er wie benommen, seine Flügel hängen klein, schlaff und zerknittert an einem scheinbar viel zu großen Rumpf. Doch der Schmetterling braucht nur ein paar Minuten, um seine ganze Pracht zu entfalten. Er preßt Blut in seine Flügel, pumpt sie regelrecht auf, und plötzlich stimmen die Proportionen. Nur wenig später, nachdem die Flügel ausgehärtet sind, flattert er auch schon davon.«

Aber wohin sollen Schmetterlinge in Bermondsey schon fliegen? Dort gibt es keine blühenden Gärten, und die Parkanlagen haben Insekten so gut wie nichts zu bieten. Alle Pflanzen, die ihnen Futter geben könnten, werden dort der öffentlichen Ordnung wegen abgemäht. Hinter der Schule allerdings beginnt die Natur Gelände zurückzuerobern. Nachdem vor Jahren der alte Güterbahnhof stillgelegt wurde, überwuchern Busch-

Eben geschlüpft: Die Flügel des Distelfalters sind noch weich und hängen schlaff an seinem Körper herab.

Der ehemalige Güterbahnhof: eine Oase wilden, natürlichen Lebens.

werk, Gräser und Blumen die Gleise, und so entsteht inmitten der Steinwüste eine Oase wilden, natürlichen Lebens.
Daves Schüler haben sicher eine Menge über das Leben der Schmetterlinge gelernt. Aber darüber hinaus, und das ist sicher das Wichtigste, haben die Kinder eine große Liebe zu den Tieren entwikkelt. Eine Liebe, die vielleicht ein Leben lang hält.
Wahrscheinlich wird das »Project Papillon« den sehr strengen Maßstäben so manches Naturschutz-Fundamentalisten nicht genügen, zu Unrecht, wie ich meine. Ich halte das Projekt ja nicht deswegen für erwähnenswert, weil die Populationen des Admirals und des Distelfalters durch ein paar tausend gezüchtete Schmetterlinge verstärkt wurden. Solche Maßnahmen nützen gar nichts, wenn der Lebensraum der Tiere nicht mehr intakt ist. Aber durch dieses Projekt sind viele Menschen, nicht zuletzt junge Menschen, in einer persönlich berührenden Weise auf die Gefährdung der Schmetterlinge und ihrer Lebensräume aufmerksam geworden. Wenn jeder in dem Bereich, den er beeinflußen kann, etwas täte, wenn z.B. nur die Gartenbe-

sitzer ihr Herz für unsere wildlebenden Tiere entdeckten und in Zukunft naturnaher wirtschafteten, dann wäre so manchem Schmetterling schon geholfen.

Kontakte:
Project Papillon, 1 Cornet Street, St.Peter Port, Guernsey/England
Dave Boalch, 308 Hithergreen Lane, Lewisham, London SE13 6TS, England

EIN REFUGIUM
FÜR DEN POTTWAL

In Sachen Naturschutz ordnen wir unsere südeuropäischen Nachbarn gern unter den Entwicklungsländern ein. Aber auch dort gibt es vorbildliche Naturschutzprojekte. So wurden auf der portugiesischen Atlantikinsel Madeira nicht nur zwei Drittel der Landfläche unter Schutz gestellt, sondern es entstanden auch verschiedene Meeresschutzgebiete, darunter ein riesiger Nationalpark für Delphine, Wale und Robben.

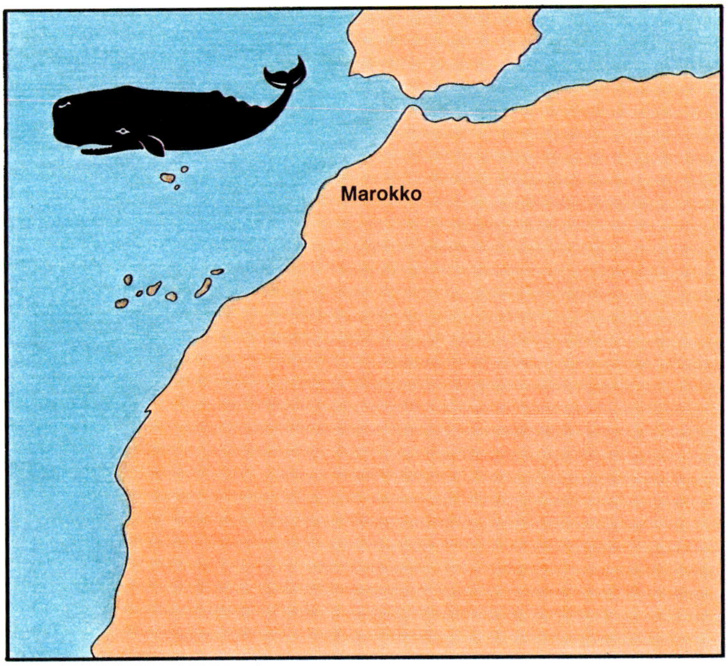

»Wir sind kaum in 30 Metern Tiefe angekommen, da lösen sich schon zwei, drei Zackenbarsche aus ihren Felshöhlen und schwimmen auf uns zu. Es sind prächtige Burschen von mehr als 1 Meter Länge. Ihr Interesse gilt dem Kunststoffbehälter, in dem Manta-Rainer die Heringe transportiert, die er am Morgen auf dem Fischmarkt besorgt hat.

Manta-Rainer

Die Barsche ziehen ihre Kreise, rangeln um die besten Ausgangspositionen und drängen dabei auch schon mal einen der Taucher beiseite. Für Manta-Rainer ist das Routine. Er füttert seine Zackis mit der gleichen Selbstverständlichkeit wie andere Leute ihre Hühner. Er hat überhaupt etwas ungewöhnliche Vorlieben. So spielt er gerne mit beißlustigen Muränen und reitet, wenn sich die Gelegenheit bietet, auch auf dem Rücken der Manta durch die Fluten.«

In den Felsnischen lauern die Muränen.

Fütterung der Zackenbarsche: Die Tiere kommen bereits aus ihren Höhlen, wenn sie die Taucher nur von weitem sehen.

Manta-Rainer heißt mit bürgerlichem Namen Rainer Waschkewitz. Er stammt aus dem Rheinland und betreibt seit langem eine Tauchbasis auf Madeira. Der Anfang war schwierig. Die madeirensischen Fischer holten aus dem Meer, was nur herauszuholen war, und so wußte Rainer nie, ob er seinen tauchenden Gästen die mit Mühe herangezogenen Fische auch noch am nächsten Tag würde zeigen können. Besonders schlimm war es, wenn illegal mit Dynamit gefischt wurde. Da warfen die Fischer selbstgebastelte Sprengsätze ins Wasser und sammelten anschließend die Bombenopfer von der Oberfläche ab. Allerdings stieg immer nur ein kleiner Teil der Fische nach oben, der größere Teil sank sinnlos hingemordet auf den Grund. Und es waren nicht nur die großen, wirtschaftlich interessanten Fische, die getötet wurden. Auch der gesamte Fischnachwuchs ging zugrunde.

Als der deutsche Taucher entnervt bei den Behörden vorsprach und den Zusammenbruch das marinen Lebenssystems beklagte, bekam er bald den Einfluß alteingesessener Fischer zu spüren. Immerhin hatte er die Naturschutzbehörden auf seiner Seite, und so fand sich nach zähen, Jahre dauernden Verhandlungen ein Kompromiß, der die Interessen aller Beteiligten berücksichtigte. Ein 10 Kilometer langer Küstenabschnitt wurde unter Naturschutz gestellt, und zwar vom Ufer bis zu einer Wassertiefe von 50 Metern. Damit waren sowohl die Tauchgründe als auch

Geflügeltes Unterwasser-Pferd: Die Manta läßt Taucher durchaus auf ihrem Rücken reiten.

die Laichgründe der Fische und die Zonen, in denen sich ihr Nachwuchs entwickelte, gesichert, und weiter draußen kamen selbst die Fischer noch zum Zug. Sie allein hatten das Recht, den Ertrag des Schutzgebietes abzuschöpfen.

Der gordische Knoten schien durchtrennt. Doch in der Praxis ergaben sich leider neue Probleme. Wilderer demonstrierten, was sie von den neuen Bestimmungen hielten und blieben infolge mangelhafter Überwachung meist unbehelligt. Selbst Berufsfischer, weithin an ihren numerierten Booten erkennbar, versuchten heimlich ihre Reusen auszulegen, und Amateure gingen mitten im Schutzgebiet ungeniert mit ihren Harpunen auf Jagd. Noch mit dem Schieß-

Walfang wie vor Jahrhunderten: Die Tiere werden mit einer Lanze zu Tode gelöchert.

gerät in der Hand trugen sie die illegal erlegten Fische in großen Plastiktüten direkt an Polizisten vorbei, die an einer ebenfalls illegal errichteten Strandbar diensteifrig ein Bier tranken.

Auf Moby Dicks Spuren

»Ein altertümlicher Kran, rostige Stahltanks zwischen baufälligen Gebäuden, Autowracks und halbverfallene Boote: Die ehemalige Walfangstation würde gut in die Kulisse einer Geisterstadt passen. In einem der heruntergekommenen Lagerschuppen hebt Eleuterio Reis, der letzte Kommandant der Walfänger, seine Erinnerungsstücke auf. Da liegen handgeschmiedete Harpunen und Lanzen neben gewaltigen, gut 3 Meter langen Unterkieferknochen des Pottwals und setzen langsam Staub an.«

Vor wenigen Jahren war es am östlichsten Zipfel Madeiras noch anders zugegangen. Wenn Eleuterio Reis eine Leuchtrakete abschoß und damit anzeigte, daß Pottwale in Sicht waren, dann hatten die Männer im nahen Fischerdorf Canical alles stehen und liegen gelassen, um in ihren Holzbooten die Verfolgung der mächtigen, bis zu 17 Meter langen und 40 Tonnen schweren Meeressäuger aufzunehmen. Während ihrer Jagd bedienten sie sich noch der gleichen primitiven Methoden wie die Walfänger des 18. und 19. Jahrhunderts.

Saß die von Hand aus nächster Nähe geworfene Harpune erst einmal im Speck eines Wals fest, gab es meist kein Entrinnen mehr. Der getroffene Meeresgigant zog das Boot mit seinen Schlächtern so lange hinter sich her, bis ihn irgendwann die Kräfte verließen. Dutzendemal schleuderten ihm die Männer ihre Lanzen in den Leib, und wenn er endlich in seinem eigenen Blut schwamm und sterbend auf die Seite rollte, dann rammten sie ihm auch noch eine Stange mit einem roten Wimpel in das Auge. Nur dort hielt sie sich aufrecht, so daß die Mannschaft des nachfolgenden Schleppers den an der Oberfläche treibenden Kadaver schon von weitem ausmachen konnte (23).

Allein auf Madeira wurden in 40 Jahren fast 6000 Pottwale hingeschlachtet, das heißt durchschnittlich 3 in jeder Woche. Am Anfang waren es die schwergewich-

Für die Kinder der Fänger sind die toten Meeresgiganten ein alltäglicher Anblick. Sie tollen zwischen den Kadavern herum und schneiden sich bei Bedarf einen Angelköder aus dem Speck.

Obwohl die Jagd auf Wale seit Jahren vorbei ist, finden sich immer noch Knochen für handgeschnitzte Souvenirs. Wenn Reisende mit solchen Mitbringseln in eine Zollkontrolle geraten, gibt es Schwierigkeiten.

tigen alten Bullen, am Ende nur noch die kleineren Weibchen und kaum ausgewachsene junge Bullen. Der Bestand der im nördlichen Atlantik herumwandernden Tiere war fast in sich zusammengebrochen. Daran waren die Madeirenser allerdings nicht alleine schuld. Auch die Walfänger auf den Azoren und die technisch hochgerüsteten Walfangflotten, die ihre Beute mit Harpunenkanonen erlegten und anschließend gleich auf riesigen Kochereischiffen verarbeiteten, hatten ihren Teil dazu beigetragen.

Vom Fänger zum Schützer

In den 70er Jahren, als die Jagd auf den Wal ihren letzten Höhepunkt erlebte, verschlug es die Hamburger Meeresbiologin Petra Deimer nach Madeira. Sie bereitete ihre Diplomarbeit über die Knochen des Pottwals vor und hoffte, das nötige Anschauungsmaterial in der Walfangstation zu finden. Doch es blieb nicht bei der wissenschaftlichen Auseinandersetzung mit dem Thema. Tief betroffen von allem, was sie auf der Atlantikinsel miterlebt hatte, gründete die Biologin die Gesellschaft zum Schutz der Meeressäugetiere (GSM) und setzte sich auf internationalen Konferenzen für deren Schutz ein. Der Handel mit Walprodukten wurde durch das Washingtoner Artenschutzabkommen schließlich weitgehend unterbunden, und infolgedessen dämmerte in den 80er Jahren auch der kommerzielle Walfang seinem Ende entgegen. Allerdings haben die großen Industrienationen dem Abkommen wohl nicht allein wegen der öffentlichen Meinung und wegen des hartnäkkigen Einsatzes der Naturschutzorganisationen zugestimmt, sondern wohl auch, weil die Wale vielerorts fast ausgerottet waren und die Geschäfte kaum mehr lohnten.

Petra Deimer dachte weiter konsequent an den Naturschutz. So legte sie der Re-

gierung von Madeira ein Konzept für einen Nationalpark für Meeressäugetiere vor, etablierte einen Ableger ihrer Gesellschaft auf der Insel und gewann selbst den als Walfänger brotlos gewordenen Eleuterio Reis zur Mitarbeit. Es gab auch Pläne für ein Walfangmuseum. Moby Dick, im gleichnamigen Roman von Herman Melville als angriffslustiges Ungetüm beschrieben, in Wahrheit aber eher ein sanfter Riese, der all seine Kräfte nur aufwendet, um in 1000 bis 2000 Metern Meerestiefe Riesenkraken nachzustellen, er wäre den zahlreichen Touristen schon ein paar Escudos wert gewesen. Geld, auf das die Naturschutzorganisationen für ihre Arbeit angewiesen sind. Doch leider ist aus dem Museum bislang nichts geworden.

Der Nationalpark für Meeressäugetiere aber existiert. In der 200 Seemeilen breiten Wirtschaftszone Madeiras sind die Wale inzwischen selbst vor den Fangschiffen jener wenigen Nationen sicher, die immer noch nicht vom Walfang lassen wollen. Für die Mönchsrobbe, früher ebenfalls ein Charaktertier des Archipels, kam der Nationalpark aber wahrscheinlich zu spät.

Wüste unter Wasser

»Schroff heben sich die unbewohnten Felsgebirge der Desertas aus dem Meer. Wir glauben, traumhafte, von Menschen weitgehend unbeeinflußte Tauchgründe voller Leben vor uns zu haben. Doch

Desertas: Drei unbewohnte, karge Felsinseln, die Madeira vorgelagert sind.

Baumriese: Solche urweltlichen Lorbeerbäume gibt es nur noch in schwer zugänglichen Tälern im Innern der Insel.

Westlich Casablanca

Rund 800 Kilometer westlich von Casablanca liegen ein paar kleine Inseln verloren in der Weite des Atlantiks. Sie sind Teile eines mächtigen Gebirges, das aus 4000 Meter Meerestiefe emporwächst und nach weiteren 1800 Meter zwischen den Wolken endet. Arabische Seefahrer haben das Archipel wahrscheinlich schon im Altertum gekannt, doch als sein Entdecker gilt der Portugiese Gonsalves Zarco, der erst 1419 dort landete.

Die Hauptinsel Madeira, gut 50 mal 20 Kilometer groß, war mit immergrünem Lorbeerwald bewachsen, der heute noch in unzugänglichen Tälern zu finden ist. Dieser Waldtyp ist wahrscheinlich mehr als 100 000 Jahre alt und prägte früher auch in weiten Teilen Europas und Nordafrikas das Landschaftsbild. Doch vom Kontinent wurde er während der Eiszeiten verdrängt. Nur im feuchtmilden Klima der Atlantikinseln konnte er sich halten. Es gibt wahre Riesen unter den Lorbeerbäumen. Einige sind ausgefault und bieten bis zu 6 Personen Schutz vor dem im nördlichen Teil der Insel häufigen Regen, andere kann man mit 8 Personen nicht umfassen.

Im sonnigen Süden Madeiras hatten die ersten Siedler den Urwald bald gerodet. 7 Jahre sollen ihre Feuer gebrannt haben. Wo der fruchtbare Boden freigelegt war, entstanden Zuckerrohrplantagen. Im 18. Jahrhundert mußte das Zuckerrohr dann wieder weichen. Die Geschäfte mit dem berühmten Madeirawein ließen sich noch besser an. Seit die Engländer die Insel um die Jahrhundertwende als »Winterkurort« entdeckten, entwickelte sich der Tourismus zu einem wichtigen Wirtschaftsfaktor.

Das Meer ist leergefischt. Die stundenlange Überfahrt zu den Desertas lohnt sich für die Fischer kaum noch.

Dem Tod geweiht: Die Mönchsrobbe hat in den madeirensischen Gewässern wohl keine Chance mehr.

was für ein Irrtum! Wohin wir uns auch wenden, das Meer ist öd und leer.«

Vor den Desertas sind die natürlichen Lebensbedingungen kaum anders als vor Madeira, wo wir die beeindruckenden Zackenbarsche beobachtet haben. Solche Fische und viele andere muß es auch um die Desertas gegeben haben,

denn die 3 bis 4 Fahrtstunden entfernten Gewässer waren über Jahrzehnte bevorzugte Fanggründe der Fischer. Heute allerdings klagen sie über schlechte Fangergebnisse. Und dafür sind sie wohl selber verantwortlich.

Wir haben die Fischer bei ihrer Arbeit beobachtet: Ihr Fanggerät ist so veraltet, ihre Arbeitsmethoden sind so wenig effektiv, daß sie durch reguläre Netzfischerei kaum den Zusammenbruch der Fischbestände hätten herbeiführen können. Nur durch die verbotene Dynamitfischerei kann eine solche Unterwasserwüste entstanden sein. Und so stehen die eifrigen Bombenleger am Ende vor den Trümmern ihrer eigenen Zukunft. Doch anstatt Fehler einzugestehen und sich wenigstens um der eigenen Existenz willen auf eine naturschonende, eine auf Nachhaltigkeit angelegte Nutzung des Meeres umzustellen, suchten sie wütend anderswo nach Schuldigen.

Lobo de Mar

Als die Portugiesen Madeira im Mittelalter besiedelten, lebte die beinahe

3 Meter große Mönchsrobbe dort noch unbehelligt. Doch Lobo de Mar, der Wolf des Meeres, der sich wie alle Robben von Fischen ernährte, mied die Menschen und zog sich zuerst in entlegene Buchten und später auf die unwirtlichen Desertas zurück. Um 1950 mag es wohl noch ein paar Dutzend Mönchsrobben gegeben haben. 35 Jahre später schätzten Wissenschaftler ihre Zahl auf 5 bis 8.

Die Fischer halten den »Wolf des Meeres« dennoch für schuldig an ihrer Misere. Er soll das Meer leergefressen haben. Und so töteten die Fischer jede Robbe, die sie erreichen konnten. Daran änderte auch das Nationalparkgesetz nichts, das den absoluten Schutz der weltweit vom Aussterben bedrohten Robbenart garantierte, denn auf den Desertas war niemand, der die Garantien durchsetzte. Selbst wenn ab sofort jeglicher Schiffsverkehr zu den Inseln unterbunden würde, für Lobo de Mar wäre es wohl zu spät. Es käme einem Wunder gleich, wenn aus einem Bestand von 5 oder 8 Tieren wieder eine vitale Mönchsrobbenpopulation heranwüchse.

Die Robbe ist tot, es lebe der Wal! Vor dem Gesetz sind beide Arten gleich, und doch haben sie sehr unterschiedliche Chancen. Der wirtschaftliche Aspekt scheint entscheidend. Der Wal wird leben, weil es nicht mehr lohnt, ihn zu töten; die Robbe wird sterben, weil Fischer sich auch gegen das Gesetz das Recht herausnehmen, ihren Jagdkonkurrenten zu erschlagen. Nicht nur im Süden übrigens. Erst 1987 wollten norwegische Fischer Zehntausende von Robben abschlachten, die, weil sie im leergefischten Eismeer nicht mehr genügend zu fressen fanden, vor die norwegische Küste gewandert waren.

Kontakte:
Gesellschaft zum Schutz der Meeressäugetiere, Möhlmannweg 2, 2000 Hamburg 55

Sturmvögel weit draußen vor Madeira auf dem Meer.

NATUR
ZUM ANFASSEN

Wie ein Pandabär aussieht, eine Giraffe oder ein Elefant, das weiß heute fast jedes Kind. Bücher und Filme, ausgestattet mit phantastischen Bildern, die Tierfotografen aus den entlegendsten Winkeln der Erde mitbringen, machen es möglich. In Wildparks und Zoos sind die Exoten darüber hinaus sogar lebend verfügbar. Doch wie ist es mit dem Distelfalter, mit dem Grasfrosch oder mit der Waldeidechse? Welches Kind kennt denn noch unsere einheimische Tierwelt, die immer stärker in Bedrängnis gerät?

»Am Chiemsee hat es die ganze Nacht geregnet, und so steht vor dem Gemeinschaftszelt eine gewaltige Pfütze. Zweifel spiegelt sich in den Mienen der Eltern, die ihre Kinder im Feriencamp abliefern, Zweifel, ob das nicht doch des Abenteuerlichen zuviel ist.

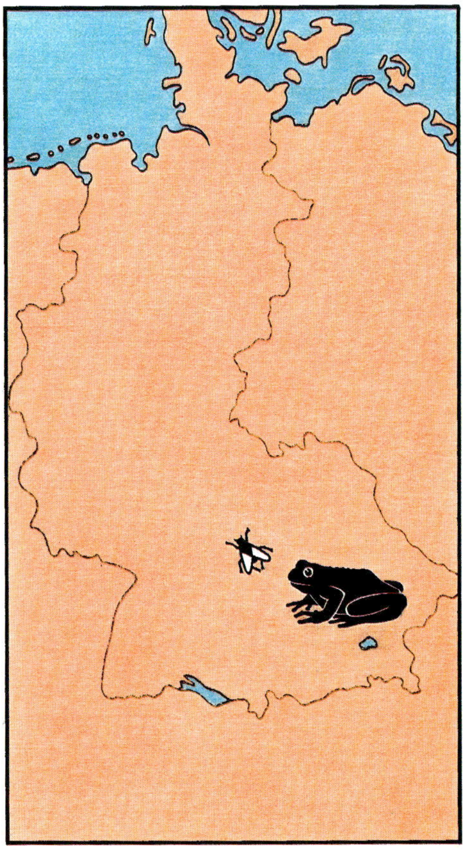

◁ Der Grasfrosch: wenn auch seltener geworden, immer noch der häufigste unter unseren Froscharten. Weil er keine besonderen Ansprüche an seinen Lebensraum stellt, konnte er sich trotz fortschreitender Landschaftszerstörung recht gut halten.

Feriencamp in der Nähe des Chiemsees: Spaß und Abenteuer trotz oder vielleicht auch gerade wegen des regnerischen Wetters.

Den Kindern scheint es gerade recht. Sie stapfen mit ihren Gummistiefeln im Matsch herum und inspizieren neugierig den Lagerplatz. Nachdem sie sich in den 4 kleineren Spitzzelten mit den Feldbetten häuslich eingerichtet haben, kommen sie in einem Spielkreis zusammen, um sich gegenseitig kennenzulernen. Und es nieselt gelegentlich immer noch.«

Jugend und Naturschutz

Kinder zu verantwortungsbewußtem Umgang mit der Natur zu erziehen, das ist sicher eine der wichtigsten Aufgaben, die Elternhaus und Schule heute zu leisten haben. Aber wie, fragte sich Wolfgang Dietzen von der Wildbiologischen Gesellschaft München, sollten Eltern und Lehrer das schaffen, wenn sie es selber größtenteils nicht gelernt hatten. Am wenigsten schien die so gut in den Schulalltag passende »Kreidebiologie« geeignet, das notwendige Engagement der Schüler zu wecken.

Wolfgang Dietzen sann über Alternativen nach und entwickelte schließlich zusammen mit der Pädagogischen Hochschule in Flensburg das Projekt »Jugend und Naturschutz«. Das war ein faszinierendes Nachhilfeprogramm in Sachen Natur. Schüler im Alter von 10 bis 12 Jahren sollten, losgelöst von allzu eng gefaßten Lehrplänen und ohne Zeit- und Leistungsdruck, Gelegenheit bekommen, Natur selber zu erleben. Sie sollten Natur sozusagen mit all ihren Sinnen erfassen, sie sehen und hören, riechen, schmecken und fühlen, und sie, wo immer Neugier erwachte, auch erforschen. Und sie sollten schließlich den Menschen, sich selbst, als Teil des Ganzen begreifen.

Damit das Projekt gar nicht erst in Gefahr geriet, durch schulische Zwänge stranguliert zu werden, wurde es gleich als Feriencamp konzipiert. Besonders geschulte Lehrer und Naturschutzfachleute übernahmen die Betreuung. Während der 2jährigen Testphase gab es 2 Standorte. Ein Camp wurde im Norden Schleswig-Holsteins eingerichtet, ein zweites im Süden Bayerns am Chiemsee.

Die Lagerplätze waren in beiden Fällen sorgfältig ausgewählt, so daß die Jugendlichen schon während einer ersten,

Erste Begegnungen mit der Natur. Rehe sind extrem scheu, weil sie regelmäßig bejagt werden. Ihr Bestand ist in keiner Weise gefährdet, sie leben auch von dem ganz gut, was der Bauer anpflanzt.

Fast so groß wie ein Storch: Wegen seiner Vorliebe für Fisch wird der imposante Graureiher erbarmungslos verfolgt.

langen Fahrradwanderung am Tag nach ihrer Ankunft die sehr unterschiedlichen Landschaftsformen kennenlernten. Da gab es Strände, die dem Freizeitbetrieb dienten und intensiv bewirtschaftete Äcker und Wälder, die land- und forstwirtschaftlichen Zwecken vorbehalten waren, aber es gab auch naturnahe Landschaften, die Tieren trotz aller Nutzung durch den Menschen noch Lebensraum boten.

Jagdszenen im Gräserdickicht

»Nur mit einem Flügel ist die Azurjungfer an den Spinnenfäden hängengeblieben, und sie hat sich gleich darauf schon fast wieder befreit. Doch so schnell gibt die Spinne ihre Beute nicht verloren. Geschickt zieht sie immer neue Fäden um die heftig strampelnde Libelle, schränkt ihre Bewegungsfreiheit mehr und mehr ein und schlägt ihr schließlich ihre Giftklauen in den Leib. So hält sie das Insekt sekundenlang. Die Spinne injiziert ihrem Opfer eine Art Verdauungsflüssigkeit. Danach zieht sie sich wieder zurück und wartet geduldig ab. Es dauert nicht lange, bis die Libelle leblos und innerlich verflüssigt in ihren Fesseln hängt. Die Spinne, die wie alle ihre Artgenossen nicht in der Lage ist, feste Nahrung zu sich zu nehmen, beginnt den Insektenkörper auszusaugen. Nur der harte Chitinpanzer bleibt zurück.«

Ähnliche Jagdszenen hatte noch keines der Kinder mit eigenen Augen gesehen. Doch so spektakulär ging es nicht immer zu in den folgenden Tagen. Die Kinder lernten mit Beobachtungsgeräten umzugehen. Sie untersuchten Flächen von der Größe eines einzigen Quadratmeters und stießen dabei auf Tiere, die man mit »unbewaffnetem« Auge kaum noch erkennen konnte. Erst mit Hilfe einer Leselupe war zu sehen, was Läuse, Milben und Wanzen so zwischen den Gräsern oder an der Unterseite von Blättern trieben. Und noch etwas lernten die Kinder, nämlich, daß sie sich, wenn sie mehr als den Fluchtreflex der Tiere beobachten wollten, selber sehr behutsam bewegen mußten.

Die gleichen Probleme gab es auch beim Umgang mit Ferngläsern. Für diejeni-

Das Ende einer Azurjungfer. Sie wird von der Spinne ausgesaugt.

gen, die so ein Gerät noch nie in Händen gehabt hatten, war die Verblüffung groß. Nahmen doch die Vögel, die ihnen bisher nur als rätselhafte Schatten im Buschwerk erschienen waren, plötzlich klare Formen an. Auch bei der Beobachtung von Fröschen oder größeren Insekten wie Libellen oder Schmetterlingen, die gewöhnlich davonsprangen oder -flogen, wenn man endlich nah genug herangekommen war, leisteten die Ferngläser gute Dienste. Und besonders aufregend wurde es, als Verstecke im dichten Unterholz des Waldrandes angelegt wurden, aus denen im ersten Morgengrauen des nächsten Tages äsende Rehe beobachtet werden konnten.

Binokulare und Mikroskope eröffneten den Schülern nie vermutete Welten. So entdeckten sie, daß ein Wassertropfen voller Leben steckt und daß Pflanzen keineswegs homogen gewachsen sind, sondern alle möglichen, manchmal bizarren Strukturen in sich bergen. Während sie die unterschiedlichen Formen von Blättern kennenlernten, die, was bei näherer Betrachtung deutlich sichtbar wird, im Prinzip alle gleich gebaut sind, erfuhren sie fast beiläufig, wie der Stoffwechsel der Bäume funktioniert und welche Auswirkungen die Luftverschmutzung auf diese Abläufe hat.

Das Wunder mit Händen greifen

»Eine wunderschön blühende Wiese, eine Hochstaudenflur würden Botaniker sie wissenschaftlich präzise nennen, mit Pflanzen wie Ampfer, Mädesüß, Johanniskraut, Kerbel, Kümmel und Weiderich. Pflanzen, deren Namen für uns schon einen nostalgischen Klang haben, die unseren Großeltern aber nicht nur geläufig, sondern auch aus eigener Anschauung bekannt waren. Das Zirpen der Heuschrecken liegt in der Luft. Bienen, Hummeln, Schwebfliegen und Schmetterlinge bevölkern die Wiese zu

Unter den Käfern gibt es faszinierende Lebewesen. Viele Holzbock-Käfer sind auf ganz bestimmte Holzarten spezialisiert.

Tausenden und tun sich am Nektar der Blüten gütlich.

Kommt einer der Schmetterlinge allerdings dem Rand der Wiese zu nahe, dann kann es passieren, daß sein taumelnder Flug vorläufig in einem Insektennetz endet. Kinderhände befreien ihn behutsam aus dem leichten Stoff und setzen ihn für einen Augenblick in ein großes Glas, bis anhand eines Fachbuchs seine Art bestimmt ist.

In einem Graben lauern Gelbbauchunken auf Beute. Die seltenen Amphibien tragen eine dunkle, warzige Haut auf dem Rücken und sind damit so perfekt getarnt, daß man sie meist nur sieht, während sie nach Insekten schnappen. Wenn man die Unke aus dem Wasser hebt, kommt ihr leuchtend gelb gefleckter Bauch zum Vorschein, den sie selber nur in tödlicher Bedrohung zeigt. Ob Störche oder Reiher sich wirklich durch die mutig präsentierte Unkenbrust abschrecken lassen, das weiß allerdings keiner so genau zu sagen.«

Die enorme Pflanzenvielfalt der Wiese, die die analytischen Fähigkeiten jedes Amateurs überfordert, die Unzahl der

Insekten, die Amphibien und die Vögel, die sich von den Insekten ernähren, beschäftigten die Jugendlichen einen ganzen Tag lang. Sie benannten eine Reihe der näher untersuchten Pflanzen- und Tierarten mit Namen, verschafften sich durch ihre Literatur oder im Gespräch mit ihren Betreuern Klarheit über Nahrung und Ansprüche an den Lebensraum und bekamen schließlich eine zwar einfache, aber dennoch brauchbare Vorstellung von der vielfältigen Vernetzung natürlicher Lebensabläufe. Durch ähnliche Untersuchungen in einem Moor und entlang eines naturnah erhaltenen Uferabschnitts des Chiemsees wurden andere Nahrungsketten, andere ökologische Kreisläufe durchschaubar.

Enttäuschend und infolgedessen entlarvend, was dagegen ein Maisfeld oder eine moderne Hochleistungswiese zu bieten haben. Sie sind so extrem arm an Arten, daß eine Untersuchung von vornherein langweilig erscheint. Wo Einheitsgrün mit Chemiedünger gemästet wird, gibt es kaum Insekten und Vögel, und dort wurden auch längst die Gräben zugeschüttet, in denen Frösche und Unken hätten leben können. Wenn

Eine bunt blühende Hochstaudenflur; ein Wiesentyp, der auf nährstoffreichen Böden gedeiht.

Das Ochsenauge, ein Vertreter der sehr artenreichen Familie der Augenfalter. Die Raupen dieser Falter leben an Gräsern.

Das Wunder mit Händen greifen: Wer sich mit der Natur beschäftigt, kann faszinierende Tiere häufig aus allernächster Nähe beobachten.

Die Gelbbauchunke präsentiert ihre auffällig gefärbte Unterseite. Auf ihre Feinde soll die Farbkombination abschreckend wirken.

das überhaupt noch Natur ist, dann lohnt es nicht mehr sie anzufassen.

Das Tastkino ist eröffnet

»Voilà, das Tastkino ist eröffnet. Ein großer, geschlossener Schuhkarton steht auf dem Tisch. An der Seite sind 2 kreisrunde Löcher hineingeschnitten. Es gilt, das Dargebotene mit den Händen zu begreifen. Und das ist gar nicht so einfach. Zuerst wirken die Kinder allesamt wie Rudi Ratlos. Daß Blätter drin sind, haben sie schnell herausgefunden. Aber von welchen Bäumen sie stammen, das können auch nach längerem Tasten nur wenige Kinder ohne Hilfestellung richtig beantworten.
Am Nachbartisch läuft ein anderes Spiel. Da haben die Kinder Masken angelegt. Mund und Nase bleiben frei, denn über den Geruchs- und den Geschmackssinn führt hier der Weg zur Lösung des jeweiligen Rätsels. Den Geruch von Holunderbeeren haben die meisten erkannt, den Geschmack zerdrückter Blaubeeren und Brombeeren nicht. Hier zeigt sich, daß unsere Sinne, durch künstliche Aromen vielfach überreizt, kaum noch in der Lage sind, feine Geschmacksunterschiede naturbelassener Früchte zu unterscheiden.«

Sensitive Spiele, bei denen die gewohnte Wahrnehmung mit den Augen ausgeschaltet wird, kann man leicht selber erfinden. Sie machen Spaß und tragen entscheidend dazu bei, unsere gefühlsmäßigen Bindungen zur Natur zu stärken. Man kann z.B. die Art von Bäumen anhand der Rindenstruktur ertasten, man kann auch versuchen, sich nur durch den Geruch und die Geräusche, eingeschlossen die eigenen Trittgeräusche und das Gefühl beim Gehen, in der Landschaft zu orientieren. Gerade bei diesem Spiel wird man auf Diskrepanzen stoßen, die uns normalerweise kaum noch auffallen. Da könnte es passieren, daß wir den Waldboden riechen, das Rascheln der Blätter und das Singen der Vögel hören und doch harten Asphalt unter unseren Füßen spüren. Mag auch sein, daß wir auf elastischem Waldboden gehen und uns fortwährend durch Geräusche von Autos und Flugzeugen belästigt fühlen.

Sich selbst als Teil des Ganzen begreifen

»Besuch im Feriencamp. Trotz aller klugen Fragen, die Kinder können den Beruf ihres Gastes nicht erraten. Doch kaum haben sie den Duft der frisch geräucherten Chiemsee-Renken in der Nase, da ist es heraus. Fischer ist er, und er wird vor dem Abendessen eine Menge über seinen Beruf erzählen.«

Der Fischer ist ein Mann, der in seinem Beruf zwar von der Natur abhängig ist, der aber auch verändernd in sie eingreift. Von ihm hängt es letztlich ab, ob ein natürliches Gewässer zu einem bloßen Zuchtbottich für ausgesuchte

Edelfischarten verkommt. Wie weit geht unser Recht, die Natur zu nutzen? Darf unser Anspruch so weit führen, daß alles, was uns augenblicklich nicht von Nutzen erscheint, auf der Strecke bleibt? Der Chiemseefischer mußte sich unbequeme Fragen gefallen lassen, z.B. die, wie er es denn mit den Vögeln halte, die sich von Fischen ernähren. Der Fischer wäre der Einladung in das Naturschutzcamp sicher nicht gefolgt, wenn er für die Ausrottung der Vögel hätte plädieren wollen. Er müsse die Vögel hinnehmen, lautete seine Antwort, so wie der Bauer Hagelschlag und Regen als naturgegeben hinzunehmen hätte.

Jugend und Naturschutz, von Pädagogen und Naturschützern erprobt und von den Kindern begeistert aufgenommen. Manche meldeten sich im zweiten Jahr gleich noch einmal an. Und dennoch scheint die gute Sache ins Stocken geraten.

Wer wollte bezweifeln, daß Sprachferien im Ausland eine sinnvolle Sache sind. Sie dienen nicht nur der Vertiefung der Sprachkenntnisse, sondern darüber hinaus auch der Verständigung unter den Völkern. Deshalb werden solche Unternehmungen zu Recht durch Schulen und Kultusministerien gefördert. Aber es kann auch niemand bezweifeln, daß im Natur- und Umweltschutz ebenso wichtige Aufgaben zu erledigen sind. Doch auf diesem Felde sucht man meist vergeblich nach schulischen und ministeriellen Anstößen. Für das über 2 Jahre erprobte Projekt »Jugend und Naturschutz« haben sich bisher weder die Mittel gefunden, die notwendig sind, um den vorliegenden Erfahrungsbericht zu drucken, noch fand sich ein Träger, der solche Veranstaltungen in Zukunft regelmäßig anbieten könnte.

Kontakte:
Wildbiologische Gesellschaft München (WGM),
Postfach 170, 8103 Oberammergau

Sensibilitätstraining: Beim geräucherten Fisch tappen selbst verschnupfte Nasen nicht daneben.

Ohne Lagerfeuerromantik geht es nicht. Nach getaner Forscherarbeit werden die Kartoffeln am offenen Feuer gegart.

VON JÄGERN UND RÄUBERN

An der Straße von Messina wechseln die Zugvögel von Sizilien zum italienischen Festland über. Und solange Menschen denken können, sitzen dort Jäger in ihren Unterständen, um Adler, Bussarde, Falken, Milane und Weihen vom Himmel zu schießen. Vielen Südeuropäern gilt der Abschuß eines Greifvogels als sportlicher Erfolg, als männlich mutige Tat. Alte Traditionen spielen eine Rolle, der unsinnige Glaube, dem erfolgreichen Jäger würde ein Sohn geboren. Und daß die gemeuchelten Vögel gesetzlich geschützt sind, tut der Wilderei keinen Abbruch.

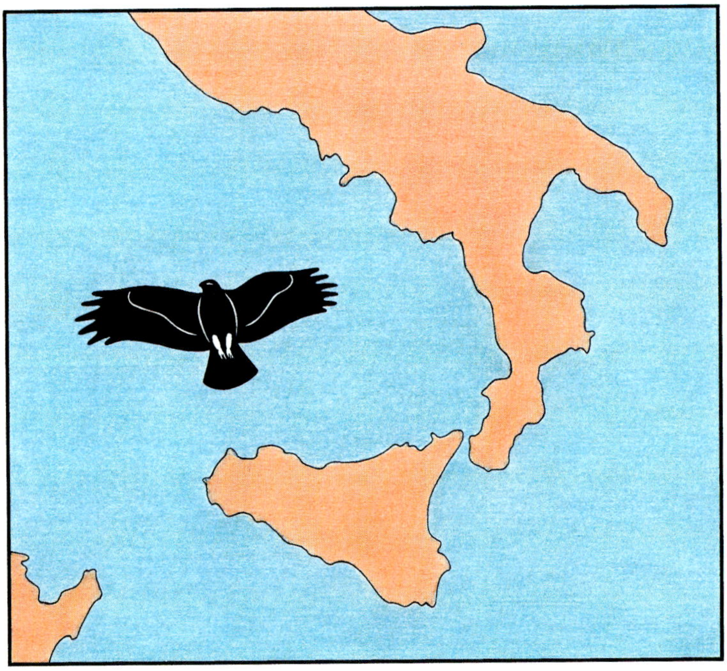

◁ **Der Mäusebussard: Im Süden als Trophäe beliebt, im Norden als Jagdkonkurrent diskriminiert und verfolgt.**

Der gewöhnliche Mäusebussard und der sehr seltene Wespenbussard sind im Flug manchmal nur schwer zu unterscheiden.

»Reggio di Calabria, Straßensperren. Polizisten mit Maschinenpistolen im Anschlag. Journalisten, Wissenschaftler, der Umweltminister dürfen passieren. Dank des bis an die Zähne bewaffneten Aufgebots der italienischen Staatsgewalt verläuft die internationale Tagung zum Schutz ziehender Greifvögel ohne ernste Zwischenfälle.

Kalabrische Jäger hatten eine Protestdemonstration angekündigt, und das ließ Schlimmes befürchten. Vor nicht allzu langer Zeit wurde das örtliche Büro der Vogelschützer in die Luft gesprengt, und gleich gegenüber auf Sizilien ging der Wagen der Vorsitzenden des Vogelschutzverbandes in Flammen auf.«

Ausgelacht und weggeschickt

Anna Giordano studiert am Naturwissenschaftlichen Institut der Universität von Messina. Sie ist eine intelligente, kritische junge Frau voller südländischem Temperament. Und sie ist außerordentlich mutig. Ich kenne jedenfalls keine andere Frau und auch keinen Mann, der mutiger ist. Seit ihrer Kindheit liebt Anna die Natur, die wilde, ursprüngliche sizilianische Bergwelt rund um das Haus ihres Großvaters in der kleinen Ortschaft Ghesso. Als sie noch keine 16 Jahre alt war, hat sie mit ansehen müssen, wie Jäger innerhalb kürzester Zeit 7 oder 8 Wespenbussarde abschossen und denen, die noch lebten, die Hälse umdrehten, um die zerzausten Kadaver danach in den Kofferräumen ihrer Autos zu verstauen. Das hat Anna, mehr noch als es sie ängstigte, empört, und so suchte sie voller Unbefangenheit das Gespräch mit den Männern, fest überzeugt, sie von ihrem illegalen Tun abbringen zu können. Vergebens. Trotz all ihrer guten Argumente, trotz des Hinweises darauf, daß es sich um seltene, vom Aussterben bedrohte Vögel handelte, wurde Anna nur ausgelacht und weggeschickt.

Sizilien, idyllische Landschaft von herber Schönheit.

Jugendliche Naturschützer beobachten ziehende Greifvögel.

Aber sie kam wieder und brachte über die Jahre immer mehr Freunde mit. Die jungen Leute setzten sich in die Nähe der besten Schießplätze und schrieben auf, was sie dort sahen. Sie riefen die Forstpolizei an und forderten sie auf, den Wilderern das Handwerk zu legen. Doch auch das war zunächst vergebens. Die Polizei ging jedem Konflikt aus dem Weg. Erst nachdem Zeitungen, Rundfunk und Fernsehen alarmiert waren, bequemten sich die Beamten zu tun, wofür sie bezahlt wurden.

Morddrohungen

Seit sich erste Erfolge einstellten, ist der Kampf um das Leben der Vögel allerdings gefährlich geworden. Die Wilderer fürchten jede Anzeige und wagen es nicht, offen gegen die Vogelschützer vorzugehen. Aber sie haben Anna mit Vergewaltigung und Mord gedroht und lassen keine Gelegenheit aus, um ihren Drohungen auf hinterhältige Weise Nachdruck zu verleihen. So fand Anna ihren Wagen wiederholt mit zerstochenen Reifen vor, sie wurde während der Fahrt von der Straße abgedrängt, und eines Nachts brannte ihr Wagen völlig aus, während er vor der Wohnung ihrer Eltern abgestellt war. Von den Tätern fehlte jede Spur.

Schlimmer als der materielle Verlust traf die Erkenntnis, daß die Wilderer offenbar zu jedem Verbrechen bereit waren. In solchen Situationen schleicht sich Angst ein. Anna spricht nicht darüber, und manchmal, wenn die Angst allzu dicht an sie herankommt, verdrängt sie sie wohl auch. Es hilft, wenn sie spürt, daß ihre Arbeit anerkannt wird, wenn selbst Außenstehende helfen, so wie es der Fiat-Konzern getan hat, als er spontan einen neuen Panda stiftete, damit sie weitermachen konnte.

Die entscheidende Unterstützung aber kam und kommt bis heute von Gleichgesinnten, von jungen italienischen Vogelschützern aus dem ganzen Land und von Jugendgruppen aus dem übrigen Europa. In den letzten Jahren sind auch enge Kontakte zu Jugendlichen aus der Bundesrepublik entstanden. Die Naturschutzjugend im Deutschen Bund für Vogelschutz hat sogar eine Patenschaft für die sizilianischen Verbandskollegen übernommen und für das vorbildliche, über die eigenen Landesgrenzen hinausgehende Engagement den Europäischen Umweltpreis erhalten.

Schrottwert: Annas Wagen nach dem nächtlichen Brandanschlag.

Internationale Unterstützung

»Uno, due, tre! Quattro! Cinque! Laut und voller Begeisterung meldet Maria, wie viele Bussarde hoch oben in den Wolken kreisen. Sie kommt, wie Anna, aus Messina. Die anderen, die den Himmel ebenfalls aufmerksam mit ihren Ferngläsern absuchen, sind gestern erst mit dem Zug aus Deutschland eingetroffen.

Der Beobachtungsplatz bei Portella ist gut gewählt. Er liegt zum einen zentral im Zugweg der Vögel, zum anderen

Im unzugänglichen
Bergland Siziliens
können die Wilderer
leicht entkommen.

kann man von dort auch zahlreiche gemauerte Schießstände auf den Höhenzügen des Monte Cico kontrollieren, und darüber hinaus hat man auch noch die am Rand der Straße abgestellten Autos gut im Blick. Sicher ist sicher.«

Die italienische Liga zum Schutz der Vögel organisiert seit 1982 regelmäßig

Wo die Schußposition günstig ist, finden sich häufig solide gemauerte Unterstände.

Jugendcamps in den sizilianischen Bergen. Am Anfang war die Beteiligung nur gering, doch 1987 reisten allein aus Deutschland 40 Jugendliche an, 1988 waren es schon 68, die, auf 4 Gruppen verteilt, jeweils eine Woche blieben.
Die jungen Leute haben ihre Reise nach Italien alle aus eigener Tasche finanziert. Ihre Aufzeichnungen liefern wertvolle Daten über den Vogelzug, und allein ihre Anwesenheit hat wohl schon vielen Tieren das Leben gerettet. Es werden jedenfalls immer weniger Schüsse in den Bergen registriert, und von einigen hundert Männern, die sich früher in den Schießständen drängten, sind noch etwa 70 übriggeblieben, denen die Lust an der Vogeljagd noch nicht vergangen ist.

Katz und Maus

»Alle laufen aufgeregt durcheinander. Anna redet auf den Einsatzleiter ein. Ihm traut sie, ein paar anderen nicht. Es dauert, bis alles zusammengepackt ist. Blaulicht. Die Autokolonne setzt sich in Bewegung.
Nach endloser Fahrt über serpentinenreiche Straßen ist die Ruine fast erreicht, aus der geschossen wurde. Türen klappen. Kommandos werden gerufen, die Magazine von Pistolen und Gewehren umständlich überprüft. Wenn die Wilderer nicht schon lange das Weite gesucht haben, sie hätten jetzt noch reichlich Gelegenheit dazu. Und so werden denn auch nur noch ein paar Schrotpatronen gefunden.«

Polizei und Wilderer spielen Katz und Maus miteinander. Die kriminellen Schützen haben ihre Kinder zum Schmierestehen abkommandiert und entkommen, durch Trillerpfeifen vor der anrückenden Polizeitruppe gewarnt, meist unbehelligt. Zumindest können sie noch Gewehre und kompromittierende Beutestücke irgendwo im unwegsamen Gelände verstecken.
Angesichts solcher simplen Tricks zeigen sich die Ordnungshüter bemerkenswert einfallslos. Man tut offenbar nur das Nötigste, um Vorwürfen zu begegnen. Und so scheint das Katz-und-Maus-Spiel auch zwischen Polizisten und Naturschützern zu laufen.
Der junge weiße Hund, der eines Morgens tot auf dem Beobachtungsplatz bei Portabella liegt, erinnert daran, daß das Ganze eben doch kein Spiel ist. Die sizilianische Mafia pflegt solche Gaben zu hinterlegen, um dem Adressaten zu signalisieren, er möge sich aus den Geschäften zurückziehen, wenn ihm an seiner Gesundheit gelegen sei.

Kontakte:
Patenschaft Sizilien, Naturschutzjugend im DBV, Christoph Hein, Pyrmonterstraße 31, 3470 Höxter

Abgeschossen: Wieder einmal sind Vogelschützer und Forstpolizei zu spät gekommen. Sie konnten nur noch einen toten Wespenbussard sicherstellen.

Die Straße von Messina im letzten Abendlicht. Über Nacht rasten die Zugvögel auf Sizilien, um am nächsten Morgen unter Ausnutzung der thermischen Winde zum Festland überzusetzen.

Ein Hobby zum Töten

Man brauche beim Begriff Vogeljagd nicht an Italien zu denken, schreibt Dr. Wolfgang Erz, der Leiter der Bundesforschungsanstalt für Naturschutz und Landesökologie, das Hobby Jagd bringe in der Bundesrepublik jährlich etwa 2 Millionen Vögeln den Tod (24).

Und der Jagdwissenschaftler Ulrich Wotschikowsky zählt in einem langen Artikel Indizien auf, die dafür sprechen, daß deutsche Jäger unliebsamen Greifvögeln illegal nachstellen (25).
Die Gesetzesgrundlage ist auch hierzulande eindeutig. Seit 1970 ist der Abschuß von Greifvögeln in Deutschland generell verboten. Allerdings hat der Gesetzgeber 1977 eine Ausnahmeregelung geschaffen und danach können die Behörden in Einzelfällen Abschußgenehmigungen erteilen. Allein in Bayern wurden daraufhin Jahr für Jahr gleich Hunderte solcher Abschüsse genehmigt, weil Bussarde und Habichte angeblich das ökologische Gleichgewicht störten. Die allgemeine und durch keine wissenschaftliche Arbeit abzusichernde Begründung verschleiert die wahren Hintergründe. Im Kern geht es darum, daß der Jäger dem Greif die Beute nicht gönnt.
So meint der Wildbiologe Heribert Kalchreuter, der immer gern von Jägern zitiert wird, daß eine sinnvolle Reduktion der Räuber mehrfach höhere Niederwilddichten bewirke (26), und Dr. Heinrich Spittler, ein Mitarbeiter der Forschungsstelle für Jagdkunde und Wildschadensverhütung des Landes Nordrhein-Westfalen ergänzt, daß der Kurzhaltung der natürlichen Feinde primäre Bedeutung beikomme, daß diese Hegemaßnahme aber nur dann positive Auswirkungen habe, wenn alle natürlichen Feinde, also auch der Habicht und der Mäusebussard einbezogen würden (27).
Das ist es also, was manche Jäger unter Hegemaßnahmen verstehen: Man schieße den Raubvogel, bevor er ein Kaninchen oder einen Fasan greifen kann, um danach auch diese Tiere selber zu erschießen. Wo das legal nicht möglich ist, da hilft sich so mancher, wie es scheint, auf andere Weise. In Karin Hutters lesenswertem Anti-Jagdbuch (28) sind Pressemeldungen zu diesem Thema

Unter Jägern besonders unbeliebt: ein Habichtweibchen mit seinen 3 Wochen alten Jungen.

◁ Gemetzel: Ein ausgeschossenes Krähennest. Zufällig hatten Turmfalken darin gebrütet.

◁ In der Falle zerquetscht. Der Bussard war sofort tot. Häufig geraten die Vögel aber nur mit den Fängen in das Eisen und quälen sich über Stunden, bis sie blutüberströmt verenden.

gesammelt, die sicher nur den sprichwörtlichen Gipfel des Eisbergs beleuchten: Da liest man zum Beispiel von etwa 100 Greifvögeln, die in nur 3 Jahren innerhalb eines einzigen Landkreises erschossen, vergiftet oder in Fallen zerquetscht aufgefunden wurden. Anderenorts haben Kriminelle den Horstbaum eines Habichts umgesägt und die Jungen, die aus dem Nest fielen, kurzerhand erschlagen.

Verfügbares Übungswild

Jagd ist angewandter Naturschutz, behauptet die Jägerschaft. Doch ihr griffiger Slogan, mit dem sie offenbar eine Art Öko-Image aufbauen will, ist nichts weiter als ein Schlag in das Gesicht eines jeden ernsthaft bemühten Naturschützers. Ich habe kritisch über die Malteser Vogelmörder berichtet, die Singvögel übungshalber vom Himmel schossen. Was unterscheidet einen deutschen Jäger von ihnen, der in einer Jagdzeitung schreibt, das sinnlose Rabenvögel-Jagdverbot hätte für Jäger und Hundeführer noch eine besondere Härte, denn die Rabenvögel wären ein beliebtes und stets verfügbares Übungswild gewesen, um mit dem jungen Hund das Apportieren einzuüben (29). Ein anderer meint zum gleichen Thema, es schade den Elstern nicht, sie zu bejagen, aber dem Jäger könne es Freude machen (30).

Bis 1986 waren die Jäger über ihren Bundesverband Mitglied im Deutschen Naturschutzring. Dann wurden sie ausgeschlossen. Eine Entscheidung, die noch viel früher hätte fallen müssen, denn längst stand durch diese Mitgliedschaft die Glaubwürdigkeit des Naturschutzes auf dem Spiel. Eine Handvoll verdienter Umweltschützer und Forstleute hat inzwischen einen der alternativen Jagdverbände gegründet. Es bleibt abzuwarten, ob diese neuen Organisationen unter der Masse der Jäger Anhänger finden werden.

WIEDERGUTMACHUNG AN DER BESTIE

Mit fast 3 Metern Flügelspannweite ist der Bartgeier der größte flugfähige Vogel Europas. In den Alpen war er als Lämmergeier bekannt. Allerdings wurde er dort schon vor mehr als 100 Jahren ausgerottet, denn die Älpler hielten ihn für eine Bestie.

Wie ein Blitz aus heiterem Himmel soll der Geier zwischen die Lämmer auf den Hochalmen gefahren sein, um gleich darauf mit einem noch zuckenden Bündel Fleisch in den Fängen wieder zu verschwinden. Solche und ähnliche Gruselgeschichten halten sich bis heute, meist noch angereichert durch den Hinweis, daß die Bergbauern damals selbst um ihre Kinder hätten Angst haben müssen. Gegen Ende des 19. Jahrhunderts haben sie dann alle wieder ruhig schlafen können. Da war der Bartgeier in den Alpen ausgerottet. In Deutschland war der letzte 1855 im Berchtesgadener Land vom Himmel geschossen worden, in der Schweiz hatte man im Wallis noch 1886 einen vergiftet gefunden.
Inzwischen hat sich die erbarmungslose Jagd auf den Bartgeier als ein von menschlicher Anmaßung geprägter Irrtum erwiesen. Denn die vermeintliche Bestie ist ein friedlicher und genügsamer Aasverwerter. Er ist das nützliche letzte Glied einer alpinen »Gesundheitspolizei«, die herumliegende Tierkadaver beseitigt und auf diese Weise so gefährlichen Krankheitskeimen wie etwa Cholera- und Milzbrandbakterien die Lebensgrundlage entzieht.

Knochenfresser

»Der Vogel sitzt keine 2 Meter von meiner Kamera entfernt. In seinen Fängen hält er die Reste eines Schafskadavers, Knochen, an denen nur noch Fetzen des Fleisches hängen. Er zerreißt die kräfti-

Schafe auf der Hochalm. Früher glaubte man, daß der Bartgeier Lämmer tötet. Diese Annahme ist wissenschaftlich widerlegt.

gen Sehnen der Gelenke mit dem Schnabel, packt den abgetrennten Oberschenkelknochen, hebt ihn an und läßt ihn mit einem Ruck in seinen Schlund rutschen. Einen Moment scheint es, als bliebe er stecken, aber dann reckt sich der Vogel kaum merklich, und schon ist der Knochen verschwunden.«

Der Bartgeier ist ein Knochenfresser. Er ernährt sich sogar zu 80 bis 90 Prozent von Knochen, die durch seine scharfen Magensäfte innerhalb von 24 Stunden vollständig aufgelöst werden. Nur Federn und Horn würgt er wieder aus.
Bei den Spaniern heißt der Bartgeier übrigens Knochenbrecher. Der Name ist treffend gewählt, denn um größere Knochen verwerten zu können, hat der Geier eine raffinierte Technik entwikkelt. Dank seiner Größe kann er mit »Nutzlasten« bis zu einem Gewicht von 2,5 Kilogramm fliegen. Beutestücke dieser Größenordnung läßt er aus 50 bis

Leben oberhalb der Baumgrenze: Der Bartgeier ist ein Hochgebirgsvogel.

Knochenfresser: Bartgeier ernähren sich überwiegend von den Knochen toter Tiere.

80 Metern Höhe fallen, folgt ihnen im geschraubten Sturzflug und ist zur Stelle, wenn sie auf den Felsen zersplittern.

Eine solche akrobatische Vorstellung kann unser Vogel leider nicht mehr bieten. Er ist flugunfähig und stammt aus einer Zuchtstation. Aber dieser Vogel wird seinen Teil dazu beitragen, daß Bartgeier in den Alpen eine Zukunft haben. Das Programm zur Wiedergutmachung an der Bestie, die keine ist, läuft bereits seit einigen Jahren.

Nach Aussagen von Wissenschaftlern sind die Hochgebirgsregionen der Alpen auch heute noch ein geeigneter Lebensraum für Bartgeier. Doch nirgendwo in Europa gab es eine Population, die so stark war, daß man aus ihr bedenkenlos hätte Tiere entnehmen können, um sie anderenorts wieder anzusiedeln. Erst 1974 eröffneten sich neue Möglichkeiten: Im Innsbrucker Alpenzoo gelang es zum ersten Mal, ein in Gefangenschaft geschlüpftes Bartgeierküken erfolgreich aufzuziehen.

Von diesem Ereignis hörten der Veterinärmediziner Dr. Hans Frey und Winfried Walter, der Geschäftsführer des österreichischen WWF, und man erzählt sich, beide hätten daraufhin in einem Wiener Heurigenlokal gesessen und Pläne für ein großangelegtes Bartgeier-Zuchtprogramm ausgeheckt. Aus den ersten, möglicherweise durch den Wein beflügelten Gesprächen wurde 1978 tatsächlich ein handfestes Projekt mit internationaler Beteiligung und einer Laufzeit von rund 20 Jahren. Außer dem WWF, der Frankfurter Zoologischen Gesellschaft, der Züricher Dokumentationsstelle für Wildforschung und der Universität Wien trugen auch verschiedene Tiergärten dazu bei. Ja, ihnen kam eigentlich eine Schlüsselrolle zu, denn sie haben nicht nur die ersten 26 Tiere für die Zucht gegeben, sondern beteiligen sich zum Teil bis heute daran. Inzwischen unterhält Hans Frey allerdings auch eine eigene Zuchtstation mit 12 Geiergehegen in einem kleinen niederösterreichischen Dorf namens Haringsee.

Im Winter ist Brutsaison

»Anfang Februar, Glatteis auf den Straßen östlich von Wien. Bis Haringsee

Zucht mit Zoovögeln. Selbst die Zoos in Ostberlin und Moskau beteiligten sich am Projekt.

sind es gut 30 Kilometer. Am Ende des Dorfes in einer Seitenstraße eine mannshohe, graue Mauer mit einem großen, rostigen Eisentor. Kein Name oder sonst irgendein Hinweisschild, auch an der Haustür nicht. Aber direkt davor liegt unübersehbar ein steifgefrorener Schafskadaver im Schnee. Da erübrigt sich jede weitere Frage. Ich weiß, daß ich richtig bin.
Die Geier-Zuchtstation ist zweckmäßig eingerichtet. Man spürt, das Budget ist nicht eben üppig. Und so muß ein Seil mit einem Pappschild, provisorisch über den Weg zum hinteren Teil des Gartens gespannt, genügen, um ungebetene Besucher abzuhalten. Achtung, hat jemand mit einem Filzstift auf das Stück Pappe geschrieben, Geier brüten!
Hans Frey begleitet mich zu den versteckt zwischen dichtem Buschwerk errichteten Gehegen. Mönchsgeier und Gänsegeier schauen neugierig auf uns herab. Von den Bartgeiern ist dagegen kaum etwas zu sehen. Unter Wetterschutzdächern hocken sie stundenlang auf ihren Kunsthorsten.«

Bei den Bartgeiern ist im Winter Brutsaison. Denn wenn in ihrem natürlichen Lebensraum in den Bergen Schnee und Eis das Regiment übernommen haben, wenn Gemsen verhungern und Rehe Opfer der zu Tal stürzenden Lawinen werden, dann brauchen Geier nicht mehr lange nach Nahrung zu suchen.
Die Balz beginnt oft schon im Dezember. Der Schweizer Autor Rolf Anderegg beschreibt das Schauspiel in einem Fachartikel sehr anschaulich: Der Bartgeier, heißt es da, zeigt eine eindrückliche Luftbalz. Unter hellen, durchdringenden Rufen verfolgen sich die beiden Partner im Flug. Sie übersteigen sich gegenseitig, der untere Vogel dreht sich auf den Rücken, beide fassen sich mit den Fängen und lassen sich mit halbgeschlossenen Flügeln kreischend bis wenige Meter über den Boden fallen.

In der zweiten Hälfte Dezember, im Januar und im Februar brüten die Bartgeier in Höhlen oder unter Felsvorsprüngen auf gewaltigen, 80 Zentimeter hohen und bis zu 2 Meter breiten Nestern, die aus Ästen aufgeschichtet und mit Federn und Fellstücken gepolstert sind. Männchen und Weibchen sitzen abwechselnd auf ihren 1 bis 2 Eiern, und

Der Gänsegeier fliegt regelmäßig als Sommergast in den Alpen. Er brütet auf der Iberischen Halbinsel, auf Sardinien und im Dreieck zwischen Jugoslawien, Bulgarien und Griechenland.

Der Mönchsgeier hat früher auch in den Alpen gebrütet. Er kommt heute nur noch im Hochland von Kastilien, auf Mallorca und in Teilen Bulgariens und Griechenlands vor.

Unter kontrollierten Bedingungen: Die Eier werden bei gleichbleibender Temperatur und Luftfeuchtigkeit in einer Brutmaschine ausgebrütet.

Zurück im Elternhaus: Der etwa 4 Wochen alte Jungvogel muß auch schon kleinere Knochen schlucken.

nach fast 2 Monaten Brutzeit schlüpfen dann die Geierküken. Sind es 2 in einem Nest, dann kommt es zwangsläufig zum Brudermord. Das stärkere Küken bringt das schwächere um. Wahrscheinlich sind die Altvögel gar nicht in der Lage, 2 Junge zu ernähren.

In der Zuchtstation und in den am Projekt beteiligten Tiergärten sind Familientragödien dieser Art ausgeschlossen. Dort schieben die Züchter den Geiern nämlich ein paar Tage vor dem Schlupftermin Gipseier unter. Die echten Eier werden unterdes in ein Brutgerät gelegt, wo man notfalls helfend eingreifen kann, wenn eins der Tiere es nicht schafft, sich allein aus der Schale zu befreien. Auch das kommt in der Natur immer wieder mal vor.

Ein frisch geschlüpftes Bartgeierküken wiegt nur ganze 150 Gramm und paßt bequem in die Hand eines Mannes. Kaum zu glauben, daß es schon nach 3 bis 4 Monaten fast die Größe der Altvögel erreicht haben wird, daß es schon nach so kurzer Frist in der Lage sein wird, allein im rauhen Klima des Hochgebirges zu bestehen. In den ersten Tagen ist das Küken jedenfalls noch völlig hilflos und bekommt mit der Pinzette ganz kleine Häppchen verabreicht. Wenn es sich gesund entwickelt, kehrt es nach etwa einer Woche unter die Fittiche seiner Eltern zurück.

Es gibt blödere Hobbys

»Die Glühbirne hängt in der blanken Fassung unter der Garagendecke. Sie erfüllt ihren Zweck, Tag für Tag, wenn Hans Frey in aller Herrgottsfrühe gebückt über dem alten Haublock steht, Ratten und Kaninchen schlachtet oder an übelriechenden Schafskadavern herumsäbelt. Frisch Totes nehmen die Geier nur ungern, ein bißchen Hautgout muß schon sein.

Beim ersten Tageslicht macht Hans Frey dann seine Runde. Er versorgt die Geier und versucht sich Klarheit über die Entwicklung der Jungen zu verschaffen. Er beobachtet sie aus einiger Entfernung, denn er will die Gehege nur im Ausnahmefall betreten. Die Tiere sollen sich nicht an Menschen gewöhnen.

Mit kräftiger Stimme läßt das Küken seinen Bettelruf hören und wiederholt ihn beharrlich, bis einer der Alten mit der Fütterung beginnt. Mit seinem großen Schnabel übergibt er dem unbeholfen im Nest hockenden Jungen winzig kleine Stücke Fleisch. Was runterfällt, wird aufgehoben und geduldig noch einmal angeboten. Wenn der kleine Geier drei, vier Wochen alt ist, wird er seine ersten Knochen zu bewältigen ha-

Nach 3 Monaten hat der Jungvogel fast die Größe seiner Eltern erreicht. Geschlechtsreif wird er erst nach 5 bis 7 Jahren.

ben, und mit 5 Wochen, wenn er die Größe eines Huhns erreicht, wird er schon Wirbel- oder Schenkelknochen vom Kaninchen verschlucken.«

Eigentlich wäre ein Tierpfleger mit der Betreuung der Vögel in der Zuchtstation gut ausgelastet. Denn die Gehege müssen auch immer wieder gründlich gereinigt werden. Aber für einen Tierpfleger reicht das Geld nicht. Und so freut sich Hans Frey über jeden freiwilligen Helfer, erledigt im übrigen alle Arbeiten selbst und geht, als wäre es das Selbstverständlichste von der Welt, auch noch einem Full-time-Job als Veterinär an der Wiener Universität nach. Vor acht, neun Uhr abends kommt er selten nach Haus und auf seine Arbeitsbelastung angesprochen antwortet er meist, es gäbe blödere Hobbys als seins.

Geschlechtsbestimmung per Chromosomenanalyse

Nach achtjähriger Zucht konnten 1986 die ersten 4 Geier in den Hohen Tauern in die Freiheit entlassen werden. Im Jahr darauf sollten 2 weitere folgen, ein weibliches und ein männliches Tier. Doch wer was ist, kann man Bartgeiern nicht ansehen, nicht einmal ihr Verhalten gibt Aufschluß über ihr Geschlecht.

Ein Geierpärchen leistete über Jahre erfolgreich Ammendienste in der Zuchtstation; es brütete untergeschobene Eier aus und zog voller Aufmerksamkeit den Nachwuchs groß. Daß die beiden aber selber keine Eier legen wollten, machte die Züchter stutzig. Die Überprüfung der Geschlechtsbestimmung anhand der Chromosomensätze in Hautproben brachte den Grund für die vermeintliche Unfruchtbarkeit der Vögel ans Tageslicht: Man hatte irrtümlich 2 Männchen in einem Gehege zusammengesperrt. Inzwischen bekommen alle Jungtiere numerierte Fußringe verpaßt, bevor ihnen für die Laboruntersuchungen ein kleines Stück Haut aus der Achsel geschnitten wird. Verwechslungen sind seitdem nicht mehr vorgekommen.

»Die jungen Geier haben die stundenlange Autofahrt von Haringsee bis in die Hohen Tauern gut überstanden. Sie mußten die Reise in die Freiheit ohne ihre Eltern antreten, denn deren natürli-

Die Instinkte der seit Jahren in Gefangenschaft lebenden Altvögel sind verkümmert. Sie bleiben hinter Gittern.

Mit dem Auto in die Alpen: Nachdem die anfängliche Erregung abgeklungen ist, liegen die Vögel ganz still hinter der Rückbank des Kleinwagens.

che Instinkte sind durch das lange Leben hinter Gittern abgestumpft. Sie fänden sich draußen im Gebirge nicht mehr zurecht, könnten nicht mal auf sich selber aufpassen, geschweige denn auf ihre Geierkinder.

Seit gut einer halben Stunde hockt Hans Frey nun mit dem völlig verängstigten Bartgeier auf dem Schoß auf der feuchten Wiese. Die Beine sind ihm eingeschlafen. Nina macht sich am abgespreizten Flügel des Vogels zu schaffen. Sie spült eine weißliche Paste von zwei der langen Schwungfedern ab, ein Entfärbungsmittel, das sonst eher in wohlduftenden Frisiersalons seine Anwendung findet. Die entfärbten Federn heben sich deutlich vom Dunkelbraun des übrigen Gefieders ab. Auch aus

Im Rauris in den Hohen Tauern angekommen: Die Jungvögel werden sich allein in der Freiheit zurechtfinden müssen.

Fototermin: Die Kollegen von der Presse, vom Film und vom Fernsehen sind zu Dutzenden angetreten, um die Auswilderung der Bartgeier in den Savoyer Alpen mitzuerleben.

größerer Entfernung wird man diesen Vogel gut identifizieren können.
Der starke Regen, der uns während der ganzen Fahrt auf die Nerven ging, ist im Gebirge als Schnee heruntergekommen. Es besteht Lawinengefahr. Und da heißt es warten.
Gereizte Stimmung liegt in der Luft. Jeder Tag, der jetzt verlorengeht, ist bitter, denn der günstigste Zeitpunkt für die Auswilderung der Geier ist erreicht. Sie können selbständig fressen, sind aber noch nicht so unternehmungslustig, daß sie das Nest allein verlassen würden. Noch drücken sie sich bei Gefahr auf den Boden. Doch bald wird der Fluchtinstinkt Oberhand gewinnen, und dann wird es schwierig, die Vögel an ihre neue Umgebung in den Bergen zu gewöhnen.

Unter Lebensgefahr in die Freiheit

Die Traggestelle für die Geier, Proviant für Helfer und Vögel, die Tourenski mit den Steigfellen stehen bereit. Hans Frey hat eine schwere Entscheidung zu fällen. Ein paar Stunden der Wetterberuhigung bringen Hoffnung, Telefonate mit der Wetterwarte und der Lawinenkommission nähren neue Zweifel. Man entscheidet schließlich gemeinsam, das Risiko zu tragen. Drei Männer und eine Frau wollen den riskanten Aufstieg zum Auswilderungsplatz im Krumltal wagen, und 2 von ihnen werden in einer Berghütte Stellung beziehen und die Geier,

Der Bartgeier (Gypaetus barbatus)

Er wiegt zwischen 5 und 7 Kilogramm und übertrifft mit 2,5 bis 2,9 Metern Flügelspannweite sogar noch den Steinadler. Seinen Namen verdankt er den vom Schnabelgrund abstehenden Borstenfedern, die einen am Auge beginnenden dunklen Streifen fortsetzen. Das kontrastreich schwarzweiße Federkleid der geschlechtsreifen Vögel färbt sich allerdings erst im 5. Lebensjahr voll aus. Das Jugendkleid ist dunkelbraun.

Beeindruckend wirken die Augen: Die Iris ist gelblich, der sie umgebende Ring der Lederhaut leuchtend rot. Wenn die Vögel sich erregen und der Augenring anschwillt, scheint er geradezu Feuer zu sprühen.

Bartgeier leben außer in Südeuropa auch in Afrika und Asien. In Tibet gelten sie als heilige Vögel. Die europäische Unterart war früher in allen Gebirgen des Mittelmeerraums vertreten. Heute findet man sie noch in den Pyrenäen, auf Korsika und auf Kreta und vielleicht auch noch im Norden Griechenlands. Im gesamten Verbreitungsgebiet sind es aber nicht mehr als 80 Brutpaare, mit den Jungtieren höchstens noch 200 bis 300 Vögel (31, 32).

Bartgeier im Horst. In den Pyrenäen kann man brütende Geier schon heute beobachten. Ihr Bestand scheint dort wenigstens nicht weiter abzunehmen.

Huckepack in die Freiheit: Hans Frey trägt einen seiner Schützlinge zum schwer zugänglichen Auswilderungsplatz.

so gut es geht, bewachen. Sie müssen damit rechnen, tage-, vielleicht wochenlang von jeder Zivilisation abgeschnitten zu sein.«

Während die beiden Bartgeier in den Hohen Tauern die letzten Kilometer bis in die Freiheit unter Ausschluß der Öffentlichkeit zurücklegten, waren Presse, Film und Fernsehen eine Woche später im französischen Savoyen dabei, als zum ersten Mal auch in Frankreich 3 Vögel ausgewildert wurden. Das Interesse an den Tieren war groß, und es scheint sicher, daß Vorurteile, wie sie im 19. Jahrhundert das Bewußtsein der Alpenbevölkerung prägten, nicht erneut aufkommen werden.

Erst im Juni wurde im österreichischen Krumltal der Weg zu den Berghütten geräumt. Mächtige Lawinen säumten die Berghänge, und während sie mit jedem Tag weiter zusammenschmolzen, gaben sie nach und nach ihre Opfer frei, Schafe und Gemsen, die sich dank kühler Lagerung gut gehalten hatten. Paradiesische Zustände für Geier.
In den ersten Wochen nach der Auswilderung waren ihre Bewacher mit Steigeisen ausgerüstet auf den Lawinen herumgeklettert und hatten Gams- und Schafskadaver eingesammelt, um sie noch am selben Tag stückchenweise in der Nähe der Geierhöhle wieder auszulegen. Später begannen die Geier, sich selbst zu versorgen. Sie absolvierten ihre Flugübungen, zogen schließlich hoch oben über den Gletschern ihre Kreise und fanden offenbar Anschluß an einen der Vögel, die im Jahr davor freigelassen worden waren.

Bilanz positiv

Der Bartgeier fliegt wieder in den Alpen. Bis zum Sommer 1988 wurden

Mit einem beherzten Satz in den Kunsthorst: Naturschützer haben einen Nistplatz hergerichtet, wie Bartgeier ihn auch selber anlegen würden.

14 Vögel ausgesetzt. Einer wurde wieder eingefangen, weil er Verhaltensstörungen zeigte, doch mindestens 11 der Tiere scheinen sich in der rauhen Gebirgswelt gut eingelebt zu haben. Bei Hans Frey gehen regelmäßig neue Meldungen über sie ein und so weiß er, daß einige seiner ehemaligen Schützlinge schon weit herumgekommen sind. Bartgeier wurden nicht nur in Bozen und in der Schweiz, sondern auch ganz im Süden in den Seealpen gesichtet.

Die Bilanz des Bartgeier-Projekts ist alles in allem positiv. Aber es hat auch Rückschläge und Enttäuschungen gegeben. Da war z.B. der Jagdherr, ein deutscher Industrieller, der die Auswilderung im österreichischen Krumltal fast zu Fall gebracht hätte. Anfänglich unterstützte er das Projekt und gestattete sogar den Bau der kleinen Schutzhütte auf seinem Grund und Boden. Doch nach 2 Jahren hat er Hans Frey und seine Helfer dann hinausgeworfen. Sie und die Bergwanderer, die hinaufgekommen waren, um die über den Gipfeln segelnden Bartgeier zu bewundern, störten das Jagdvergnügen des Mannes. Daß es im Krumltal schließlich dennoch weiterging, ist einem ortsansässigen Bauern zu verdanken, der Ersatzgelände zur Verfügung stellte.

Frühestens 1992 werden die ersten der ausgewilderten Bartgeier geschlechtsreif werden, und erst im Jahr 2000 wird man wissen, ob in den Alpen wieder eine Bartgeierpopulation entsteht, die aus sich selbst, also ohne menschliche Stützungsaktionen, lebensfähig ist. Bis dahin wird das Projekt noch viele Millionen Schillinge verschlungen haben. Kein Wunder, daß man Winfried Walter, den Geschäftsführer des österreichischen WWF, bei jeder Gelegenheit klagen hört: »So an Bartgeier, der kost' an Haufen Göld.« Die Ausrottung des Tieres dürfte dagegen vergleichsweise billig gewesen sein.

Kontakte:
WWF Österreich, Postfach 1, A-1162 Wien
WWF Deutschland, Info-Dienst, Postfach 1644, 7505 Ettlingen

Der Bartgeier fliegt wieder in den Alpen.

TOD DURCH SAUBERMACHER

Im Mittelmeer konzentriert sich das Leben in den Küstengewässern in einem Streifen von nur wenigen hundert Metern Breite. Eine spezielle Art des Seegrases, das Neptungras, spielt in diesem Lebensraum eine bedeutende Rolle. Wie der Wald auf dem Land, erfüllt das Neptungras im Meer elementare Funktionen, und wie der Wald leidet es unter der menschlichen Zivilisation. Besonders Waschmittelrückstände machen dem Neptungras schwer zu schaffen.

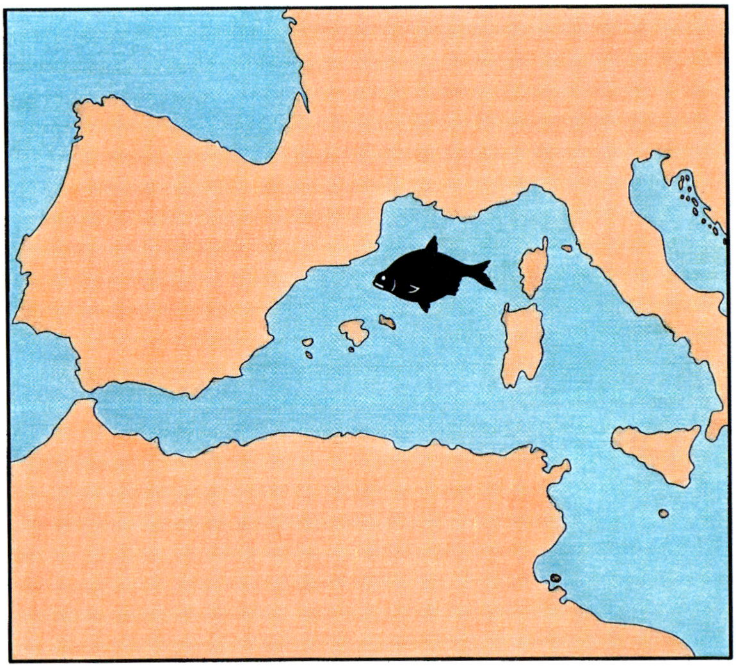

◁ **Sie produzieren Biomasse und Sauerstoff, dienen anderen Pflanzen und Tieren als unverzichtbarer Lebensraum und befestigen die Sedimente. Wenn die Seegraswiesen im Mittelmeer sterben, droht eine ökologische Katastrophe.**

Nationalpark zu Lande und zu Wasser: Die Gewässer um Port Cros sind vor jedem Eingriff geschützt.

»Um die dicke Berta ins Boot zu wuchten, müssen zwei Männer schon kräftig zupacken. Die alte Dame ist ein wahres Monstrum, ein schweres, gußeisernes Unterwassergehäuse für unsere Filmkamera, das schon so manchen Einsatz hinter sich hat.
Die hochstehende Sonne treibt uns den Schweiß auf die Stirn, während wir in unseren dicken Neoprenanzügen zum ersten Tauchgang in eine der stillen Buchten von Port Cros hinausfahren.«

Naturparadies mit Südseeatmosphäre

Iles d'Or heißen sie bei den Franzosen, Goldinseln, und ihre Felsen funkeln manchmal in der Sonne, als enthielten sie tatsächlich wertvolles Edelmetall. Aber bisher wurde dort noch nicht ein einziges Gramm Gold gefunden. Die drei Inseln mit dem vielversprechenden Namen liegen vor der französischen Mittelmeerküste zwischen Toulon und St. Tropez. Auf der ersten sitzt das Militär, auf der zweiten bestimmt der Tourismus die Entwicklung, aber auf der dritten, auf der Insel Port Cros, da hat der Naturschutz Vorrang. Die gesamte Insel und das Wasser, das sie umgibt, wurden schon vor Jahren zum Nationalpark erklärt. Port Cros ist ein Naturparadies mit Südseeatmosphäre. Mächtige Palmen säumen die Hafenbucht, und die wenigen Häuser, deren Baustil an die Kolonialzeit erinnert, verschmelzen fast mit dem erstaunlich üppigen mediterranen Wald. Über den Hügeln erheben sich mittelalterliche Festungsanlagen, und wer von ihren mächtigen Mauern den Blick übers Land schweifen läßt, kann sich gut vorstellen, wie es wohl ausgesehen haben mag, als das Mittel-

Südseeatmosphäre: die Hafenbucht der kleinen Mittelmeerinsel Port Cros.

Urwald: Im Altertum war die gesamte Küstenregion des Mittelmeers noch mit dichtem Wald bedeckt.

Die dicke Berta im Einsatz: Durch den Auftrieb ist das Gewicht des schweren Gehäuses im Wasser fast aufgehoben.

meer vor Jahrtausenden noch von Wald umgeben war.

Seit die Insel zum Nationalpark erklärt wurde, kommen während der Saison täglich Hunderte, manchmal weit mehr als tausend Besucher auf die Insel. Das ist durchaus so gewollt, auch wenn durch die vielen Menschen hin und wieder Probleme entstehen. Jeder darf sich frei auf der Insel bewegen, solange er zu Fuß geht, auf den ausgeschilderten Pfaden bleibt und wegen der Waldbrandgefahr auf das Rauchen verzichtet. Ich halte es für eine wirklich gute Idee, so freizügig zu verfahren. Denn wer den urwüchsigen Wald mit seinen undurchdringlichen Gebüschen aus Stein- und Kermeseichen, wer die Baumheide und die Erdbeerbäume mit eigenen Augen gesehen hat, der wird den Unterschied spüren, wenn er wieder nach Hause kommt. Und er wird es vielleicht in Zukunft nicht mehr widerspruchslos hinnehmen, wenn wieder mal ein Stück Natur dem vermeintlichen Fortschritt geopfert werden soll.

Für die meisten Besucher dürfte wohl die maritime Seite des Nationalparks am interessantesten sein. Da gibt es ein didaktisch sehr gut aufgebautes Meerwasseraquarium und eine Art U-Boot, ein kleines technisches Wunderwerk, das zu Ausflügen in die faszinierende Unterwasserwelt einlädt. Für sportlich Aktive wurde sogar ein Unterwasserlehrpfad eingerichtet, auf dem Schnorchler an Pflanzen und Tieren der Flachwasserzone vorbeigeführt werden.

Schließlich wäre noch von Daniel zu berichten, der häufig mit einem Schiff voller Taucher von Lavandou herüberkommt. Daniel beschäftigt einen Biologen als Tauchlehrer, der seinen Schülern Interessantes über die Ökologie des Meeres zu berichten weiß. Dabei wurden Taucher auf Port Cros am Anfang mit großer Skepsis beobachtet. Zu häufig kam es vor, daß sie im Natur-

schutzgebiet Fische harpunierten. Inzwischen hat sich allerdings herumgesprochen, wie hart die Nationalparkverwaltung durchgreift. So manche Harpune und so manches Boot wurden beschlagnahmt, und keiner der Fischwilderer kam um eine Strafanzeige herum.

Schwerelos in die Seegraswiese

»12 Meter unter der Wasseroberfläche haben wir unser Ziel erreicht: Auf dem Meeresgrund erstreckt sich eine grüne Wiese, soweit das Auge reicht. Die langen Blätter des Neptungrases schwingen sacht in der Dünung. Dazwischen, auf freiem Sandgrund, stecken halbmeterlange Muscheln im Boden. Wir schweben, lassen uns ganz behutsam herabsinken, um den feinen Bodensatz nicht aufzuwirbeln. Denn das würde jede Filmaufnahme unmöglich machen.
Kleine, bunte Lippfische umkreisen uns neugierig, eine Seezunge hat sich im Sand versteckt. Ihre Augen, die wie Stecknadelköpfe hervorschauen, haben sie verraten. Während ich meine Hand vorsichtig nach ihr ausstrecke, hebt sie ihren flachen Körper mit elegantem, wellenförmig vom Kopf zum Schwanz laufenden Flossenschlag empor und zieht ein Stückchen weiter. Einen Moment später verschmilzt sie erneut mit dem Grund und ist kaum noch auszumachen.
Andere Fische benutzen das Seegras, um sich zu verstecken. Sie beäugen die dicke Berta mißtrauisch und verdrücken

Ein kleiner Schwarm Goldstriemen. Die Fische zeigen typisches Angstverhalten. Sie drängen sich dicht zusammen, um einen möglichen Angreifer durch ihre große Masse zu beeindrucken.

Steckmuschel mit Schwammbewuchs. Das Seegras dient Algen als Siedlungsgrundlage. Wenn der Bewuchs infolge Überdüngung des Wassers noch stärker wird, kann das Seegras darunter ersticken.

Das Neptungras, das vielleicht wichtigste Element im Ökosystem des Mittelmeers.

▷ Goldstriemen weiden die Seegraswiesen ab.

Das Neptungras (Posidonia oceanica)

In den meisten Meeren sind die Algen des Planktons die entscheidenden Primärproduzenten. Sie wandeln im Wasser enthaltene Nährsalze mit Hilfe der Sonnenenergie in organische Substanz um und bilden so die Grundlage allen höheren Lebens. Im nährstoff- und planktonarmen Mittelmeer übernehmen andere Pflanzen diese Funktion, zum Beispiel das Neptungras.

Das Neptungras ist eine höhere Blütenpflanze. Aus dem Rhizom, einem Wurzelstock, der nur sehr langsam wächst, schieben sich 4 bis 8 grüne Blätter heraus, jedes ist etwa 1 Zentimeter breit und zwischen 20 und 80 Zentimeter lang. Bei günstigen Bedingungen stehen mehr als 700 solcher Blattbündel auf einem einzigen Quadratmeter. Die Blüten des Neptungrases sind ebenfalls grün und liegen versteckt zwischen den Blättern. Die Früchte ähneln den Oliven und werden deshalb auch Oliven des Meeres genannt.

Die Verbreitung des Neptungrases ist eng begrenzt. Es wächst nur im Mittelmeer und an der Südspitze Australiens in einem Gürtel entlang der Küsten bis zu einer Wassertiefe von 40 Metern. In trübem Wasser reicht es allerdings kaum bis in 20 Meter Tiefe hinab.

Die Seegraswiesen produzieren gewaltige Mengen von Sauerstoff (14 Liter pro Quadratmeter am Tag) und sie bilden den Lebensraum für etwa 400 andere Pflanzen und mehrere 1000 Tierarten. Viele der Tiere ernähren sich auch von den Blättern des Seegrases (33).

Darüber hinaus leistet das Neptungras auch seinen Beitrag zum Küstenschutz. Die Blätter der Pflanzen mildern den Wellengang, und ihr mächtiges Wurzelwerk befestigt die Sedimente. Wo das Seegras verschwindet und die Sedimente ins Rutschen geraten, müssen nicht selten Uferschutzmauern gebaut werden.

sich, sobald die Unterwasserscheinwerfer angeschaltet werden, noch tiefer zwischen den dichtstehenden Blättern. Ohne Scheinwerfer geht es hier nicht mehr. Die roten und gelben Anteile des Sonnenlichts werden in dieser Wassertiefe so stark gefiltert, daß selbst die farbenprächtigsten Fische nur noch graublau erscheinen. Das Kunstlicht kompensiert diesen Effekt.

Ein großer Schwarm Goldstriemen zieht langsam vorbei. Es müssen an die 1000 Stück sein, viele von ihnen gut 30 Zentimeter lang, silbrig-goldgelb gestreift, im Sonnenlicht glänzend. Diese Fische ernähren sich vom Neptungras. Ganz gemächlich grasen sie auf der üppigen Unterwasserweide und lassen sich durch die Filmarbeiten nicht sonderlich stören.«

Das Neptungras stirbt

Das Leben in den Seegraswiesen interessiert seit Jahren auch die Meeresbiologen. Zahlreiche Wissenschaftler aus Frankreich, Monaco und Italien forschen unter anderem in den Gewässern von Port Cros, und sie werden dabei tatkräftig durch die Nationalparkverwaltung unterstützt. Sie haben die im Neptungras lebenden Pflanzen und Tiere aufgelistet und ihre Entwicklung und ihr Verhalten beobachtet. Sie haben herausgefunden, daß Tausende von Organismen in irgendeiner Form vom Neptungras abhängig sind. Nach aufwendigen Vermessungsaktionen auf dem Grund des Meeres bestätigte sich darüber hinaus ein furchtbarer Verdacht: Im nördlichen Mittelmeer ist die Fläche der Seegraswiesen in den letzten Jahrzehnten um rund 50 Prozent geschrumpft. Die Suche nach dem Grund für den schleichenden Tod des Neptungrases gestaltete sich schwierig und brachte, wie in vielen ähnlichen Fällen, ein ganzes Bündel von Ursachen an den Tag.

So manche Seegraswiese ist wohl schlicht und einfach verschüttet worden. Wo immer ein neuer Hafen für Sportboote gebaut, wo Baugrund für Kongreßhallen oder Hotels aufgeschüttet oder wo ein Strand verbreitert wurde, da verschwand das Neptungras auf einer Fläche, die 10- bis 20mal größer als die Baustelle war. Die Pflanzen erstickten im weiten Umkreis, weil durch die Eintrü-

Abgerissene Seegrasblätter im Flachwasser. Von ihnen ernährt sich die sogenannte Sandlückenfauna, kleine Lebewesen, die wiederum von den Fischen gefressen werden.

bung des Wassers kein Licht mehr zu ihnen durchdrang.

In flachen Ankerbuchten sind meist die Freizeitkapitäne schuld, wenn das Seegras zugrunde geht. Jedesmal wenn sie ihren Anker aus dem Pflanzengeflecht reißen, entsteht eine Lücke, die sich durch ungünstige Strömungen unter Umständen noch vergrößert und erst nach Jahrzehnten wieder zuwächst.

Wo viele Boote zusammenliegen, entstehen außerdem noch ganz andere Gefahren: Die Schutzanstriche auf den Bootsrümpfen, die sogenannten Antifouling-Farben, töten nämlich nicht nur die Algen und den Muschelbewuchs auf den Planken. Die tödlichen Spuren der hochgiftigen Farben sind auch stets im Wasser um die Schiffe zu finden. An der französischen Atlantikküste vor Arcachon hatte das Anfang der 80er Jahre fast den wirtschaftlichen Ruin der Austernzüchter zur Folge. Die teuren Tiere entwickelten brüchige Schalen, wuchsen nicht mehr und stellten auch die Fortpflanzung ein. Erst nachdem besonders gefährliche Antifouling-Farben verboten wurden, stieg die Austernproduktion wieder an (34). Dafür, daß auch das Seegras im Mittelmeer durch Antifouling-Farben in Mitleidenschaft gezogen wird, gibt es zumindest Verdachtsmomente.

Doch als gefährlichster Seegraskiller wurden inzwischen die Tenside ausgemacht, die Saubermacher in den modernen synthetischen Waschmitteln. In jedem Haushalt werden sie verbraucht und auf jedem Schiff natürlich auch. Gut 60 000 Tonnen gelangen davon Jahr für Jahr ins Mittelmeer, und der Verbrauch steigt weiter. Die Rückstände der Waschmittel und ihre häufig noch giftigeren Abbauprodukte halten sich sehr lange im oberflächennahen Wasser, genau da, wo sie dem Neptungras besonders schaden. Sie wirken selbst in extremer Verdünnung noch verheerend:

Auch der Seestern sucht seine Beute unter den Tieren, die das Seegras zersetzen.

Der Hafen von Port Cros. An vielbesuchten Küstenabschnitten werden die Sportboote zu einem ernsten Problem für das ökologische System.

Meeräschen. Die Fischer im Mittelmeerraum klagen schon lange über schlechte Fangergebnisse.

Wo Tenside im Wasser sind, stellt das Neptungras sein Wachstum ein. Später entstehen Verbrennungen und Verformungen an den Blättern, und schließlich stirbt die Pflanze ab.

Die Folgen dieser Entwicklung sind fatal, denn das Neptungras ist sozusagen das Fundament, auf dem das Leben im Mittelmeer aufbaut. Viele Fische haben in den Seegraswiesen ihre Kinderstube, andere verbringen ihr ganzes Leben dort. Da bedarf es keiner besonderen Phantasie, um den drastischen Rückgang der Fischbestände im Mittelmeer mit dem fortschreitenden Pflanzensterben in Zusammenhang zu bringen. Den Fischern, die häufig zuviel Fisch aus dem Mittelmeer holen, kann man die Schuld jedenfalls nicht mehr allein aufbürden.

Ekel greift um sich

»Halb Insekt, halb stählerner Rochen, in jedem Fall ist es eine interessante Konstruktion, die da auf abwärts gebogenen Schwingen über die Wasseroberfläche gleitet. Aquascope heißt das futuristische Tauchschiff, in dessen Leib bequem 10 Personen Platz finden und durch große Scheiben staunend die Fischschwärme in den Seegraswiesen beobachten.

Die Fahrtroute des Schiffes ist mit Bedacht gewählt, Problemzonen werden nicht ausgespart, und so haben viele der Fahrgäste während ihres ersten Ausflugs in die Unterwasserwelt auch gleich ihr Schlüsselerlebnis in Sachen Umweltverschmutzung. Wenn das Ende der Abwasserleitung von Port Cros zwischen Fischen auftaucht, die sich in auffallend trübem Wasser tummeln, dann wird es meist ruhig im Aquascope. Der Anblick des rosaroten Toilettenpapiers und der aufgeschwemmten Wattebäusche, die sacht in der Dünung hin und her rollen, zwingt den Unterwasser-Ausflüglern Ekel in die Gesichtszüge. Dann aber noch sehen zu müssen, wovon sich die Meerestiere an jener Stelle ernähren, das hat manchem den Appetit auf Fisch für lange Zeit verdorben. Unsere Abwässer verschwinden nicht spurlos im Meer. Sie kommen mit Muscheln, Krebsen und Fischen irgendwann auf unseren Tisch zurück.«

Gut 90 Prozent aller Abwässer aus Haushalten und Industriebetrieben fließen heute ungereinigt in das Mittelmeer. Vor allem in den nördlichen Anrainerstaaten hat man nun endlich mit dem Bau von Kläranlagen begonnen. Damit wird man die Fäkalien zum Teil unschädlich machen, viele andere Substanzen aber kaum. Auch die Tenside, die die Pflanzen auf dem Meeresgrund vergiften, wird man nach Meinung vieler Wissenschaftler so nicht in den Griff bekommen. Die sicherste und einzig schnell wirkende Maßnahme wäre, die gefährlichen Saubermacher zu verbieten.

Warum eigentlich nicht? Saubere Hemden dürften doch wohl kaum das Risiko eines Zusammenbruchs ganzer Lebenssysteme rechtfertigen. Und darauf liefe es schließlich hinaus, wenn die Seegraswiesen sterben. Die Wissenschaft hat die Zusammenhänge aufgezeigt, handeln müssen die Politiker. Oder die Verbraucher.

Das Aquascope, futuristischer Nachfolger der mit Glasboden ausgerüsteten Ausflugschiffe.

Recycling am Ende der Abwasserleitung.

Kontakte:
Parc National de Port Cros, 50 Avenue Gambetta, F-83400 Hyeres

PFIRSICHE STATT STEINE

Die Euro-Einheitslandschaft reicht von Dänemark bis ans Mittelmeer. Am Reißbrett entworfen, den gewachsenen Strukturen übergestülpt, künstlich be- und entwässert, maschinengerecht und fest im Griff der Agrochemie, sinken ihr landschaftlicher Reiz und ihr ökologi-

◁ Luftsprung: Das balzende Zwergtrappen-Männchen bietet ein beeindruckendes Schauspiel.

scher Wert gegen den Nullpunkt. In Norddeutschland mußten die Moore weichen, in Südfrankreich die Steppen. Mit den letzten noch erhaltenen Teilen der sogenannten Crau von Arles droht dieser karge Landschaftstyp mit seiner außergewöhnlichen Flora und Fauna nun ganz aus Frankreich zu verschwinden.

»Jeden Morgen und jeden Abend klingen die merkwürdig schnarrenden Territorialrufe der Zwergtrappen über die Steppe. ›Hier ist mein Revier‹, signalisieren die Hähne ihren Artgenossen. Mit etwas Geduld kann man sie auch mit dem Fernglas ausmachen. Aber sie sind immer ein paar hundert Meter entfernt, und jeder Versuch, die Distanz zu ihren Balzplätzen zu verkürzen, ist sinnlos. Sobald man etwas näher herankommt, verdrücken sich die Vögel zwischen Lavendelstauden und Wolfsmilchgewächsen.

Mit Ameisen und Spinnen unter einer Decke

In der Mittagszeit, während die Trappen irgendwo in der weiten Steppe herumvagabundieren, gelingt es mit viel Mühe und der Hilfe eines ortskundigen Biologen, einen der Balzplätze wiederzufinden. Gut 15 Meter davon entfernt, habe ich, wenn ich mich flach auf den Bauch lege, etwas Deckung hinter ein paar größeren Steinen. Und so harre ich, unter einer großen Plane versteckt, der Dinge, die da kommen werden. Von den Trappen ist weder etwas zu hören noch zu sehen. Statt dessen sondieren Ameisen und kleine Spinnen das Terrain, die Steine drücken, und je tiefer die Sonne sinkt, desto mehr kriecht einem die Feuchtigkeit in die Glieder.

Nach 2 Stunden höre ich den Hahn zum ersten Mal. Er kommt zu Fuß. Jede Staude als Deckung nutzend und immer

Alpengestein: Mehr als eine Million Jahre brauchte die Durance, um die Crau aufzubauen.

Im Frühjahr ist die Crau grün. Die Brunnen, aus denen manchmal noch heute die Schafe getränkt werden, sind zum Teil mehr als 200 Jahre alt.

wieder sichernd, nähert er sich dem Balzplatz. Dort angekommen, beginnt er sein beeindruckendes Schauspiel. Er reckt den Hals, stellt sein Gefieder zu einem Kragen auf und trampelt mit den Füßen auf der Stelle. Dann wirft er urplötzlich den Kopf in den Nacken, läßt sein schnarrendes ›Prrrt‹ erklingen, springt mit weit nach oben gerissenen Flügeln in die Luft und landet, wo er abgesprungen ist. Diese Prozedur wiederholt er bis in die Dunkelheit hinein, und er läßt sich dabei weder durch das Surren einer Filmkamera noch durch das Auslösegeräusch eines Fotoapparats stören. Auf jede Bewegung aber reagiert er sofort. Und wenn ein Trappenweibchen anfliegt, dann nimmt der Hahn stehenden Fußes die Verfolgung auf.«

Die Zwergtrappenhähne geben ihr beeindruckendes Schauspiel in der Crau, in einer steinigen Steppe, deren Geschichte vor mehr als einer Million Jahre begann. Damals mündete der Alpenfluß Durance noch direkt ins Mittelmeer. Er transportierte gewaltige Mengen Schotter und Steine aus dem Gebirge heran und füllte damit langsam sein Mündungsdelta auf. Nach der letzten Eiszeit, das war vor etwa 12 000 Jahren, hatte der Fluß sich selber den Weg nach Süden verbaut. Er schwenkte nach Westen und mündet seitdem mehr als 50 Kilometer vom Mittelmeer entfernt in die Rhone. Im trockengefallenen Mündungsdelta entstand eine 600 Quadratkilometer große Steppenlandschaft, eine Crau.

Außenposten der Wüste

In den feuchten Wintermonaten und im Frühjahr hielt sich kurzer, krautiger Bewuchs auf der steinigen Ebene, im Sommer aber herrschte über den wasserdurchlässigen Böden ein trockenes, heißes Klima wie in den Randgebieten der Sahara, und es entwickelte sich eine für europäische Verhältnisse einmalige Flora und Fauna, die der scheinbar absolut lebensfeindlichen Umgebung optimal angepaßt war.
Während der Eiszeiten waren auch im Mündungsbereich anderer Flüsse Craus entstanden. Sie waren zu einem der prägenden Landschaftselemente der französischen Mittelmeerküste gewor-

den. Doch spätestens im Verlauf des 19. Jahrhunderts sind diese Steppen bis auf kleine Reste wieder verschwunden. Mit Hilfe neuzeitlicher Bewässerungstechnik wurden sie in Äcker, Wiesen und Weinbaugebiete umgewandelt. Nur die Crau im ehemaligen Mündungsdelta der Durance blieb bis heute erhalten. Ihre Fläche war 1980 mit rund 150 Quadratkilometer aber auch schon auf ein Viertel der ursprünglichen Größe geschrumpft. Und ein Ende dieser Entwicklung ist nicht abzusehen (35).

Dabei hat der wirtschaftende Mensch die Vielfalt der Natur über viele Jahrtausende eher bereichert als zerstört. In der Steinzeit begannen die Menschen Haustiere zu züchten, und sie nutzten die Randgebiete der Crau schon damals gelegentlich als Weide. Im Mittelalter war daraus ein bedeutender Wirtschaftszweig geworden. Schäfer hielten vom Februar bis in den Juni an die 100 000 Schafe in der Crau, trieben sie danach bis auf die sommerlich grünen Almen in den Alpen und zogen ab Oktober an Avignon vorbei und durch die Camargue zurück in die sich erneut begrünende Steppe. So ist es im Prinzip bis heute

Blühender Affodill, eine der wenigen Pflanzen, die von den Schafen verschmäht wird.

geblieben. Allerdings müssen die Schafe nur noch die Rampe zur Ladefläche PS-starker Lastwagen aus eigener Kraft bewältigen. Die schaffen sie jetzt auf gut ausgebauten Straßen von der südlichen, immer noch trockenen Crau in die Alpen und von dort in die nördliche, inzwischen künstlich bewässerte Crau zurück.

Die Weidewirtschaft hat der Crau nicht geschadet. Im Gegenteil, es entstand eine Art ökologischer Wechselbeziehung zwischen den Schafen einerseits und der Flora und Fauna der Steppe andererseits. So konnten sich im Laufe der Zeit auch Pflanzen und Tiere ansiedeln, die in vergleichbaren, von Menschen aber weitgehend unbeeinflußten Lebensräumen fehlen.

Begegnung mit der Wolfsspinne

»Nachts streift sie jagend in der Gegend herum. Den Tag verbringt sie dagegen meist in ihrer unterirdischen Wohnröhre. Nur weil sich die Tarantel gerne sonnt, bekommt man das zu den Wolfsspinnen zählende Tier manchmal auch tagsüber zu Gesicht. Die Gelegenheit bleibt natürlich nicht ungenutzt, und so schiebe ich mich wieder einmal auf dem Bauch über den steinigen Boden, um meine Kamera in eine günstige Position zu bringen. Der Biß der Tarantel soll angeblich zu rasender Tanzsucht führen. In Wahrheit ist er für Menschen aber völlig ungefährlich. Ihr Gift reicht gerade aus, um Insekten zu töten.«

Auf Taranteln und Skorpione wird wohl kaum ein Besucher der Crau stoßen. Die vielen Insekten aber sind nicht zu übersehen. Neben Ameisen, Bienen und Wespen, Käfern und Schmetterlingen findet man unter den Heuschrecken hin und wieder auch die gedrungen wirkende, flugunfähige Crau-Schrecke. Sie kommt nur dort vor und nirgends sonst auf der Welt. Interessant sind auch die bizarren Fangschrecken und die Gottesanbeterinnen, die regungslos an Pflanzen sitzend auf Beute lauern. Sie überwältigen kleine Heuschrecken oder Schmetterlinge mit einem schnellen Schlag ihrer dornenbewehrten Fangarme und halten ihr Opfer in eisernem Griff, während sie es bei lebendigem Leibe verspeisen.

Die Gottesanbeterin und die anderen Insekten bilden ihrerseits für höher entwickelte Tiere die Nahrungsgrundlage, so zum Beispiel für Eidechsen. Seit der Bestand der bis zu 75 Zentimeter langen Perleidechse in der benachbarten Camargue erloschen ist, hat diese größte aller europäischen Arten in der Crau ihr wichtigstes Verbreitungsgebiet in Frankreich.

Für Menschen harmlos: die Tarantel.

Die bizarre Fangschrecke, eine nahe Verwandte der auch bei uns heimischen Gottesanbeterin.

Die bis zu 75 Zentimeter lange Perleidechse erreicht in der Crau die nördliche Grenze ihres Verbreitungsgebiets.

Achten Sie auf die Steine

Für Vogelkundler ist die Crau ein Paradies, denn dort brüten seltenste Vogelarten. Verschiedene Autoren erzählen eine kleine Anekdote, die deutlich macht, wie schwierig es ist, die Vögel in der so übersichtlich wirkenden Landschaft zu entdecken: »Achten Sie auf die Steine«, soll ein Bauer empfohlen haben, »wenn sich einer von ihnen bewegt, dann ist es ein Spießflughuhn.«
Meistens bewegen sich nur die Gräser im Wind. Die Vögel vertrauen auf ihre gute Tarnung und bleiben ruhig zwischen den Steinen liegen, solange Menschen in der Nähe sind. Die Spießflughühner brüten bevorzugt dort, wo die Vegetation von Natur aus sehr niedrig ist oder wo sie regelmäßig von Schafen kurzgehalten wird. Die Zwergtrappe versteckt sich dagegen gerne zwischen bis zu 30 cm hoch gewachsenen Stauden. Höher und allzu dicht darf der Bewuchs allerdings nicht werden. Denn wenn die Vögel die Übersicht verlieren, verlassen sie das Areal.
Die Blauracke, der Steinkauz und der Wiedehopf gelangten erst durch den Menschen in die Steppe. Sie sind nämlich auf geeignete Bruthöhlen angewiesen, und die fanden sie in den alten Schafställen, in den von Menschenhand aufgeschichteten Steinhaufen und in einer sehr weitläufig mit knorrigen Mandelbäumen bepflanzten Plantage. Seit die Bäume Mitte der achtziger Jahre gerodet wurden, sind zumindest die Blau-

Optimal angepaßt: Spießflughühner können im Brustgefieder Wasser transportieren. So ist es ihnen möglich, ihre Jungen auch fernab der nächsten Wasserstelle zu tränken.

Der Steinkauz sitzt auf einer der ältesten Brunneneinfassungen.

racken wieder an den Rand des Gebietes ausgewichen.
Selbst die mächtige Großtrappe lebte früher in der Crau. Doch sie profitierte zu keiner Zeit vom Menschen. Sie wurde im vorigen Jahrhundert schlicht und einfach ausgerottet. Hoch zu Roß stellten ihr die Jäger nach, bis auch der letzte der imposanten, gut 1 Meter großen Laufvögel erlegt war.

Vorboten der Zerstörung

»Das Tonband läuft kaum noch mit. Es lohnt sich einfach nicht. Denn solange das Licht optimal zum Filmen ist, legt sich gleich der allgegenwärtigen Luftverschmutzung immer tyrannischer der Geräuschteppich unserer motorisierten Gesellschaft über die Landschaft. In der Crau ist es besonders schlimm. Obwohl die Steinsteppe aus manchem Blickwinkel betrachtet auch heute noch bis zum Horizont zu reichen scheint, mischt sich immer wieder Straßenverkehrslärm in den schnarrenden Ruf der Zwergtrappe, macht Fluglärm der ständig auf dem nahen Militärflugplatz startenden und landenden Maschinen jede Tonaufnahme von vorneherein zunichte. Nur frühmorgens und spätabends gelingt es noch, Tierstimmen pur einzufangen.«

Die bereits alles überdeckende akustische Umweltverschmutzung macht es für jedermann deutlich: Die Crau ist aufs höchste bedroht. Sie ist durch Hauptverkehrsstraßen und eine Bahnlinie eingezwängt und droht durch eine geplante Autobahn weiter zerstückelt zu werden. Kiesbagger fressen sich in wertvollste Lebensräume vor. Im Süden erheben sich drohend die rauchenden Schlote des Industriegebietes von Fos-sur-Mer, südöstlich und weit in die Steppe vorgeschoben liegen ein paar tausend Hektar Land unter dem Beton des militärischen Großflughafens und unter der Teststrecke eines Autoherstellers begraben, daran schließen sich die gigantischen Müllberge der Hafenstadt Marseille an, und von Norden und Nordwesten schieben sich die Intensivkulturen der Obstbauern immer weiter vor.
Selbst auf der letzten zusammenhängenden Fläche von rund 8 mal 10 Kilometer

Wo früher die Trappen balzten, türmt sich heute der Müll von Marseille.

Größe entsteht mit gewaltigem Aufwand eine riesige, künstlich bewässerte Pfirsichplantage. Pfirsiche statt Steine, lautet die wirtschaftlich denkenden Menschen einleuchtende Devise. Ob sich die Millioneninvestition wirklich lohnen wird, darf allerdings bezweifelt werden. Denn mit Spanien und Portugal sind 2 große Pfirsichproduzenten in die Europäische Gemeinschaft eingetreten, und so ist nach den bereits sattsam bekannten Vermarktungsproblemen auch noch ein »Pfirsichberg« zu befürchten. Für die Crau sind die Flächen in jedem Fall unwiederbringlich verloren. Wo einmal gepflügt wurde, stellt sich auch nach 1000 Jahren nicht wieder die ursprüngliche Vegetation ein.

Ein Funken Hoffnung

Wissenschaftler haben seit mehr als 20 Jahren auf die Bedrohung des einmaligen Naturraums in der Crau hingewiesen. Auf einer vom Europarat herausgegebenen Liste der aus ornithologischer Sicht schützenswerten Gebiete wird die Steppe auf dem 2. Platz geführt. Daraus erwächst der französischen Regierung im Zusammenhang mit der EG-Vogelschutzrichtlinie nun sogar die Verpflichtung, Maßnahmen zum Schutz der Crau zu ergreifen. Doch weder hat eine seit Jahren eingesetzte Arbeitsgruppe, in der sich die Vertreter der Anliegergemeinden herumzanken, irgend etwas in dieser Richtung bewirkt, noch wurde vom Umweltminister die längst überfällige Verordnung erlassen, die jeden weiteren Eingriff in die Landschaft verbietet. Statt dessen gingen weiter Jahr für Jahr rund 500 Hektar naturnaher Landschaft verloren.

Wenigstens die Pläne zum Bau der Autobahn scheinen vorerst in den Schubladen des Verkehrsministeriums verschwunden. Die EG soll der französischen Regierung mit einer Klage gedroht haben.

Beachtliche Erfolge hat dagegen eine internationale Arbeitsgemeinschaft deutscher und französischer Naturschutzorganisationen vorzuweisen. Durch ihre Initiative entstand mit Unterstützung der Gemeinde St. Martin-de-Crau das erste deutsch-französische Naturschutzzentrum. Die in der Bundesrepublik

Umgepflügt und für immer verloren: Künstliche Bewässerung und reiche Düngergaben verändern den Boden in den Pfirsichplantagen.

Der Wiedehopf war früher bis nach Mitteleuropa hinein ein weit verbreiteter Brutvogel.

ansässige Stiftung Europäisches Naturerbe und ihre französische Partnerorganisation schafften es auch, innerhalb von nur 2 Jahren 500 000 DM Spendengelder für den Ankauf von Crau-Flächen zu sammeln. Aus dem Naturschutzfond der EG kamen noch einmal 800 000 DM dazu, und so konnten 1989 die ersten 150 Hektar, etwa 1,2 Prozent der heute noch schützenswerten Flächen, für den Naturschutz gesichert werden. Der Anfang ist getan, aber es ist kaum mehr als der sprichwörtliche Tropfen auf dem heißen Stein.

Wer die Crau-Schrecke und die Perleidechse, das Spießflughuhn und die Zwergtrappe erhalten will, der muß ihren Lebensraum schon großflächig schützen. Dabei ist die Weidewirtschaft, eine den natürlichen Verhältnissen angepaßte Wirtschaftsform, nicht nur weiterhin möglich, sondern sogar im hohen Maße erwünscht. Allerdings werden sich die Schäfer mit geringer Rendite zufriedengeben müssen. Denn das Mehr an Gewinn, das die Obstbauern durch naturzerstörende Intensivkulturen erwirtschaften, ist nicht umsonst zu haben. Es kostet die Europäer ihre natürliche Umwelt und viele Tiere das Leben.

Kontakte:
Stiftung Europäisches Naturerbe,
Mühlbachstraße 2, 7760 Radolfzell 16

LETZTE CHANCEN
FÜR DEN SPIELHAHN

Wenn im Chiemgau die jungen Bauernburschen heiraten wollten, dann wilderten sie einen Birkhahn, um ihrer Verlobten den traditionell aus den Federn des Vogels hergestellten Brautschmuck zu verschaffen. Vor etwa 25 Jahren mußte der Brauch aufgegeben werden, denn die Birkhühner sind inzwischen im Alpenvorland und auch sonst in den meisten ihrer früheren Verbreitungsgebiete ausgestorben. Nicht wegen der wildernden Bauernburschen, sondern infolge der anhaltenden Zerstörung ihrer Lebensräume.

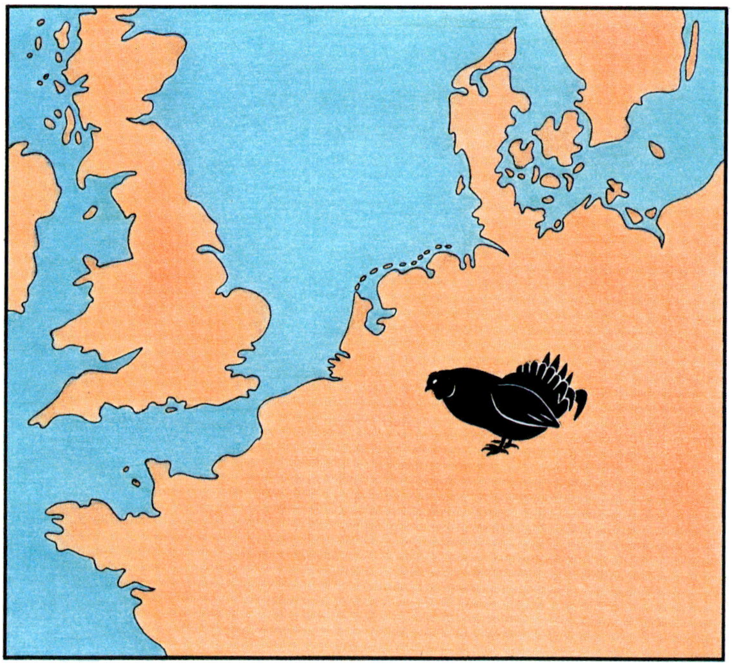

»Über Nacht war der erste Schnee gefallen, ein paar Zentimeter nur, und doch ist die Hochrhönstraße unpassierbar. Der scharfe Wind, der so häufig über die Matten des Mittelgebirges fegt, hat die Schneewehen zu halbmeterhohen Barrieren aufgetürmt.
Wenn es nach meinen Begleitern ginge, könnte es den ganzen Winter über so bleiben, denn dann wären die im bayerischen Teil der Rhön lebenden Birkhühner optimal vor Störungen durch die vielen, mit ihren Autos anreisenden Wintersportler geschützt. Unter ihnen gibt es leider immer noch Unbelehrbare, die von den vorgespurten und vorgeschriebenen Langlaufloipen abweichen und querfeldein durch die Einstände der seltenen Hühner fahren. Die streichen zwar meist unbemerkt von den Läufern

◁ Balz der Birkhähne. In Skandinavien gibt es Plätze, auf denen bis zu 100 Hähne gleichzeitig balzen, in Mitteleuropa sind selten mehr als 25 beobachtet worden.

Die Hochrhön, abwechslungsreiche Landschaft im Länderdreieck zwischen Bayern, Hessen und Thüringen.

ab, aber jede Flucht fordert einen enormen Kraftaufwand und mindert deshalb die Überlebenschancen der Tiere.

Birken-Äsung

Wir machen die verschneite Straße zum Wanderweg. Mit mir sind 2 hervorragende Birkhuhnkenner, der Wildbiologe Wolfgang Dietzen, der die Vögel im Rahmen einer Forschungsarbeit in der Rhön beobachtet hat, und Jürgen Holzhausen, der Naturschutzwart des Gebiets. Die beiden wissen ganz genau, wo sich ihre Schützlinge versteckt halten. Wenig später haben sie ein paar Hennen entdeckt, die zwei-, dreihundert Meter entfernt im Wipfel einer Kiefer hocken. Durch das Fernglas kann man deutlich erkennen, wie sie Nadeln und Knospen von den Zweigen fressen. Am liebsten scheinen sie sich aber über Birken herzumachen, daher ihr Name, und es sieht schon putzig aus, wenn die gut 2 Pfund schweren Vögel äsend auf den oft sehr dünnen Reisern herumklettern.«

Das Birkhuhn braucht offene, waldarme Landschaften. Unter natürlichen Bedingungen war seine Verbreitung in Deutschland auf die Moore und auf die Hochlagen der Alpen beschränkt. Darüber hinaus entstanden neue Birkhuhn-Lebensräume, wo der Mensch Wälder lichtete und die freien Flächen nur mäßig nutzte. So war es z.B. in den weiten Heidegebieten Norddeutschlands und auf dem Hochplateau der Rhön.

Zwei Birkhennen äsen auf Kiefern. Im Winter, wenn eine geschlossene Schneedecke liegt, fressen die Hühner Nadeln und Knospen von den Bäumen.

Feind Fuchs: Seine Stunde kommt, wenn die Hühner wieder am Boden nach Nahrung suchen. Solange sie in den Bäumen herumsteigen, wird ihnen eher der Habicht gefährlich. Doch in der offenen Rhönlandschaft haben beide kaum eine Chance, an die Vögel heranzukommen.

Im ersten Morgengrauen: Die Hähne balzen nur auf übersichtlichen Plätzen.

Dank des engagierten Einsatzes der Zähler weiß man über den Bestand der Birkhühner gut Bescheid.

In den letzten Jahrzehnten erlitten sowohl die natürlichen als auch die während vergangener Jahrhunderte von Menschenhand geschaffenen Landschaften erhebliche, für wildlebende Tiere außerordentlich nachteilige Veränderungen. Moore wurden entweder abgetorft oder entwässert und anschließend in Ackerland und Fichtenkulturen umgewandelt, und magere Weiden wurden im Zuge der Flurbereinigung von ihren Gehölzgruppen befreit und durch Düngung zu intensiv nutzbaren Flächen gemacht. Nur das Hochgebirge war von all dem vergleichsweise wenig betroffen. Außerhalb der Alpen aber haben die Birkhühner den größten Teil ihrer Lebensräume verloren, und entsprechend katastrophal entwickelten sich ihre Bestände. Während 1964 in Niedersachsen noch 7760 Birkhühner gezählt wurden, waren es 1986, also gerade 22 Jahre später, nur noch 184 Vögel.

Lebensraum verloren

Zu den größten Vorkommen des Landes zählen heute die 27 Birkhühner im Naturschutzgebiet Großes Moor bei Gifhorn. Aber dieser Bestand hat sich nicht etwa aus eigener Kraft gehalten. Das Institut für Wildtierforschung hat dort in nur 5 Jahren genau 185 gezüchtete Birkhühner ausgesetzt. Füchse und Habichte, die natürlichen Feinde der Hühner, wurden regelmäßig dezimiert, und dennoch, so heißt es in einem Be-

richt des Instituts, haben die Birkhühner nicht allzu lange überlebt (36). In Baden-Württemberg mußte der Landesjagdverband im Naturschutzgebiet Wurzacher Ried ähnlich bittere Niederlagen hinnehmen (37, 38).
Solche Beispiele beweisen, daß man Tiere selbst mit gutgemeinten Auswilderungsaktionen nicht halten kann, wo ihre Ansprüche an den Lebensraum nicht mehr erfüllt sind. In beiden Naturschutzgebieten gilt übrigens nicht dem Schutz der Natur oberste Priorität. Der verliehene Status ist ein nur schlecht getarnter Etikettenschwindel: Im Großen Moor wird weiterhin großflächig Torf abgebaut, und das Wurzacher Ried scheint in erster Linie den Zielen des Fremdenverkehrs zu dienen.

Die Birkhähne lassen urtümliche Laute hören: Ihr heiseres Fauchen ist nur in der Nähe des Balzplatzes zu hören, das Kullern verbreitet sich kilometerweit.

»Anfang Mai, unten im Tal stehen die Bäume schon in frischem Grün, aber oben auf der Rhön hat sich noch nicht ein einziges Blatt entfaltet. Rund 70 freiwillige Helfer haben lange vor Sonnenaufgang ihre Beobachtungsposten für die alljährliche Birkhuhnzählung bezogen. Mit Ferngläsern und Spektiven bewaffnet, beobachten sie aufmerksam den ihnen zugeteilten Geländeabschnitt und notieren, ob und wann sie einen der Vögel gesehen haben, woher er kam und wohin er entschwand. Aus den Protokollen wird man später ein recht genaues Bild der Population ableiten können.

Tanz der Spielhähne

In sausendem Gleitflug fallen die Hähne auf dem Balzplatz ein. Dort stehen sie eine Weile mit hochgereckten Hälsen sichernd herum, lassen dann aus weit aufgerissenem Schnabel ein heiseres Fauchen hören und beginnen ihr ein-, bis zweihundert Quadratmeter großes Territorium abzuschreiten. Dabei nehmen sie zusehends eine geduckte Haltung ein, fächern die schwarz und weiß gefärbten Schwanzfedern zu einer großen Blume auf und drehen sich schließlich wie die geschnitzten Figuren einer Spieluhr auf der Stelle. Begleitet wird dieses Schauspiel von tiefen, gurgelnden Lauten, dem sogenannten Kullern, das kilometerweit zu hören ist. Von Zeit zu Zeit richten sich die Spielhähne wieder auf und führen unter lautem Zischen einen wilden Flattersprung vor.
Auf den beiden größten Balzplätzen versammeln sich schon mal 10 bis 15 Hähne gleichzeitig. Wenn einer von ihnen das Revier eines anderen betritt, kann es durchaus zu heftigen Kämpfen kommen. Meist werden Grenzstreitigkeiten aber schon durch eindrucksvoll vorgetragene Drohgebärden geklärt. Denn das Ziel der Gemeinschaftsbalz ist es schließlich, umherstreifende Hennen anzulocken. Die lassen sich übrigens nicht von den Hähnen vergewaltigen, wie das unter Haushühnern üblich ist. Sie suchen sich ihre Partner selber aus, und da kommt unter all den aufgeregten Gockeln häufig nur der im Zentrum der Arena balzende Platzhahn zum Zuge.«

Auch in der Rhön war der Birkhuhnbestand zusammengeschmolzen. Dabei

In sommerlicher Blütenpracht: Die weiten Wiesen mit den eingestreuten Gehölzgruppen bieten Birkhühnern einen optimalen Lebensraum.

Heimlich: Die Birkhennen bekommt man während des Sommers nur äußerst selten zu sehen.

hatte neben Flurbereinigungsmaßnahmen und der damit verbundenen Intensivierung der Landwirtschaft der wachsende Druck erholungsuchender Menschen eine wichtige Rolle gespielt. Die vielen Wanderer, die Hobbyfotografen, die Reiter und die Familien, die Picknick machten, ihren Drachen oder ihre Modellflugzeuge aufsteigen ließen, sie alle blockierten bevorzugt die Gebiete, die von der Flurbereinigung noch verschont geblieben waren (39).

Als die Birkhuhnzähler 1982 nur noch 22 balzende Hähne zählten, wurde der gesamte bayerische Teil der Langen Rhön endlich zum Naturschutzgebiet erklärt. Seitdem müssen sich alle Besucher an die ausgewiesenen Wanderwege halten, ist jede nachteilige Veränderung der Landschaft verboten. Die Naturschutzverordnung machte darüber hinaus unmißverständlich klar, daß der Lebensraum der Birkhühner nicht nur erhalten, sondern nach und nach deutlich verbessert werden soll. Zumindest in Teilen scheint das Ziel schon heute erreicht, denn es werden wieder um die 40 balzenden Hähne gezählt, und man schätzt den Gesamtbestand der Rhön-

Birkhühner auf etwa 70 Tiere. An diesem Erfolg sind viele beteiligt, das Bayerische Umweltministerium, die Naturschutzbehörden, der Landrat und die Gemeinden und nicht zuletzt Wolfgang Dietzen und die Wildbiologische Gesellschaft München. Ihrer Initiative ist das Naturschutzzentrum in der Rhöngemeinde Oberelsbach zu verdanken, und

Wo Birkhühner leben können, profitieren viele andere Tiere, zum Beispiel der stark gefährdete Neuntöter.

Auch die Kreuzotter hat ihren Platz auf der Roten Liste. Sie gehört wie der Neuntöter zu den stark gefährdeten Arten.

sie stellte auch den Naturschutzwart ein, der erst 3 Jahre später in den Dienst des Landratsamtes wechselte. Er soll dem Gesetz draußen im Gelände Geltung verschaffen. Und das ist leichter gesagt als getan.

Arnika in der Plastiktüte

»Im Sommer gleicht die Hochrhön einem Blütenmeer. Am Anfang dominiert das satte Gelb der Hahnenfußgewächse. In den feuchten Senken stehen die Trollblumen dicht an dicht. Danach zieht sich der blauviolette Schimmer des Storchschnabels über die Hänge, und noch etwas später wiegen sich die rosaroten Scheinähren des Knöterichs im Wind. Dazwischen wachsen vereinzelt ganz seltene Blumen wie die Arnika und der Türkenbund.

Der Wagen ist uns schon von weitem aufgefallen: Da unten, brummt Jürgen Holzhausen, halten nur Kräutersammler. Und tatsächlich, wenig später sehen wir die alte Frau, die sich gedeckt durch das Weidenbuschwerk in der Wiese zu schaffen macht. Sie bricht Blüten von den Arnikastauden und sammelt sie in einer Plastiktüte.

Beschämend mitzuerleben, wie die Frau wenig später behauptet, sie habe in der Wiese nur austreten wollen, dann, als ihr klar wird, daß eine Anzeige droht, doch die am Körper versteckte Plastiktüte mit gut 100 abgerissenen Blütenköpfen hervorholt und erklärt, es könne der Natur nicht schaden, wenn sie hin und wieder ein paar Blumen pflücke. Das habe sie schließlich schon seit 50 Jahren so gemacht. Und ihr Mann, der den Wagen genau vor einer Hinweistafel abgestellt hat, die keinen Zweifel über den eben begangenen Rechtsbruch zuläßt, nickt beifällig mit dem Kopf.

Jürgen Holzhausen verzichtet auf eine Anzeige. Statt dessen nimmt er sich viel Zeit, um den alten Leuten klarzumachen, worum es eigentlich geht.«

Vordergründig geht es natürlich um die Arnika selbst, die, weil sie zu den seltenen und gefährdeten Pflanzen gehört, unter Naturschutz steht und sehr schnell ausgerottet wäre, wenn jeder seine Hausmedizin daraus zubereiten wollte. Darüber hinaus sind aber auch die

Die Rhüa

Den alten Rhönern klingt es noch im Ohr: Nauf die Rhüa! Es geht hinauf auf die Rhön! Das bedeutete harte Arbeit, aber es versprach auch Abwechslung vom Alltagstrott.
Bis ins Mittelalter war das zwischen 700 und 900 Metern hoch gelegene Plateau der Langen Rhön mit ursprünglichem Laubmischwald bewachsen. Im 16. Jahrhundert wurde der gesamte Baumbestand dann allerdings abgeholzt und in Eisen- und Glashütten verheizt. Durch die extensive Nutzung der Mähwiesen entstand so schließlich eine einmalige, reich strukturierte Landschaft. Noch vor 40 Jahren zogen die Bauern zu Fuß zur Heuernte auf die Rhön. Ihre Sensen, Gabeln und Rechen sowie ihre Rucksäcke mit der Verpflegung trugen sie bei sich. Nur die Zelte wurden mit Fuhrwerken transportiert. Die Wege nahmen so viel Zeit in Anspruch, da blieb man die 8 bis 10 Tage, die es dauerte, bis das Heu gemäht war, lieber gleich auf der Höhe. Man tat nicht nur die harte Arbeit gemeinsam, sondern man aß und trank auch zusammen, und von den langen Nächten auf der Rhön geht bis heute so manche Geschichte um.
1936 kündigten sich einschneidende Veränderungen an. Auf etwa 400 Hektar wurden Fichtenkulturen angelegt. Sie sollten als Windbrecher dienen und die Voraussetzung für die Ansiedlung von 25 Gehöften schaffen. Gleichzeitig begann der Reichsarbeitsdienst mit dem Bau der Hochrhönstraße, die nach den Wirren des Krieges aber erst 1958 fertiggestellt wurde. Sie erschloß die Rhön nicht nur für eine intensivere landwirtschaftliche Nutzung, sondern auch als Naherholungsgebiet.

Flurbereinigt: Wo Flächen kompromißlos für den Einsatz schwerer Landmaschinen hergerichtet werden, hat die Natur meist ihr Recht verloren.

Die sehr seltene Arnika.

Auf dem Türkenbund, einer wilden Lilie, lauert eine Krabbenspinne auf Beute.

Birkhühner betroffen. Die sich stets versteckt haltenden Hennen verlassen ihr Gelege nämlich bei jeder Störung. Wer auch immer durch die Wiesen läuft, er ist schuld, wenn die Eier auskühlen oder wenn das Nest von anderen Vögeln geplündert wird. Kaum weniger gefährlich ist es, wenn die Henne ihre eben geschlüpften Küken verläßt. Sie können

vor allem bei naßkalter Witterung relativ schnell an Unterkühlung sterben.
Die Arbeit des Naturschutzwarts erfordert viel Fingerspitzengefühl. Je mehr Menschen er durch die Kraft seiner Argumente für den Naturschutz gewinnen kann, desto besser. Diesem Ziel dienen auch Informationsveranstaltungen und Führungen, die er anbietet. In manchen Fällen aber helfen gutgemeinte Hinweise nicht weiter. So gab es Leute, die mitten im Naturschutzgebiet parkten und schnoddrig wissen ließen, daß ihnen der Parkplatz durchaus 30 DM Bußgeld wert sei. In anderen Fällen wurde der Naturschutzwart beleidigt, sogar tätlich angegriffen, und mancher versuchte, ihm durch Intrigen zu schaden. Er hat gelernt damit umzugehen. Doch was Jürgen Holzhausen verbittert, ist die Praxis der Gerichte, die Verstöße gegen das Naturschutzgesetz oft immer noch wie Kavaliersdelikte abhandeln. Und es gibt ein paar grundlegende Probleme, deren Lösung schwieriger als erwartet scheint.

Naturschutz außer Kraft

»Wenn die Silberdistel, das Wahrzeichen der Rhön, im September in voller Blüte steht, dann rüsten die Mitglieder des Rhönklubs zur traditionellen Feier am Heidelstein. Sie strömen zu Tausenden mitten im Naturschutzgebiet zusammen, um ihrer toten Wanderkameraden zu gedenken. Sie parken mit Personenwagen und Reisebussen auf den geschützten Wiesen, machen mit Kindern und frei herumlaufenden Hunden ihren Spaziergang zur Kundgebung auf dem ›Berg der Toten‹ und rüsten sich danach mit Bratwürsten und mancher Maß Bier für die Heimfahrt. Nur die Blasmusik fehlt zu einem richtigen Volksfest.
Der Rhönklub hat alte Privilegien, immerhin seit 1923. Aber gerade diese

Hektarweise Knöterich: In flurbereinigten Flächen fehlen Gehölzinseln, die Tieren Deckung geben könnten.

Menschen, denen erklärtermaßen so viel am Wandern in ›Gottes schöner Natur‹ liegt, sie sollten nicht für sich in Anspruch nehmen, daß ihretwegen der Naturschutz außer Kraft gesetzt wird. Vor allem die Lokal-, Landes- und Bundespolitiker, die immer wieder gern an der Heidelsteinfeier teilnehmen, sollten erkennen, daß diese Veranstaltung einfach nicht mehr in die Landschaft paßt.«

Auch die eintönigen Fichtenplantagen, die vor 50 Jahren wie mit dem Messer zu geraden Riegeln und Blöcken geschnitten in die sonst so abwechslungsreiche Landschaft gesetzt wurden, passen nicht in die Rhön. Wenn es nach dem Pflege- und Entwicklungsplan geht, den eine Planungsgruppe aus München und Nürnberg für das Naturschutzgebiet erarbeitet hat, dann sollen die Fichten aufgelockerten Laubholzbeständen weichen. Doch das geht nur mit der Zustimmung der jeweiligen Grundstückseigentümer, und da scheint sich mancher Rhöner Dickschädel allein deswegen querzulegen, weil die Biologen, Forstwissenschaftler und Landschaftsarchitekten nicht jeden vor Ort ausgiebig nach seiner Meinung gefragt haben. Solche Defizite kann auch der Naturschutzwart nicht ausgleichen. Wirtschaftliche Überlegungen spielen dagegen nur eine untergeordnete Rolle. Mit den standortfremden Nadelhölzern läßt sich kein Geschäft mehr machen. Die Fichtenkulturen halten dem rauhen Klima der Rhön nicht stand, sind darüber

Die alte Buche nimmt
Herbstfärbung an.
Im rauhen Rhönklima
wachsen keine Baum-
riesen.

Rettung im letzten Augenblick: Dem Bund für Umwelt- und Naturschutz in Deutschland (BUND) gelang es, die alte Rasse der schwarzköpfigen Rhönschafe zu erhalten. Die genügsamen Tiere sollen in Zukunft auch wieder auf der Hochfläche weiden.

Naturschutzwart aus innerer Überzeugung: Jürgen Holzhausen entläßt einen Bussard in die Freiheit, den er verletzt aufgefunden und gesundgepflegt hat.

hinaus von Krankheiten befallen und deshalb bereits hektarweise in sich zusammengebrochen.
Schwierigkeiten ergeben sich auch, weil niemand so recht weiß, was in Zukunft mit den brach liegenden Wiesen geschehen soll. Bauern importieren für gutes Geld Futtermittel aus dem Ausland, aber das hochwertige und von Pestiziden völlig freie Heu von der Rhön scheint unverkäuflich. Selbst die Kompostierung ist problematisch, weil der Absatzmarkt fehlt, weil Behörden und Gartenbesitzer nach wie vor Torf als Bodenverbesserer kaufen. So absurd es auch klingt: Während die Torfindustrie die letzten Hochmoore zerstört, droht ein kleiner Kompostierbetrieb an Unmengen organischen Materials aus der Rhön zu ersticken. Und da ist niemand in Bonn, der diesem Unfug einen Riegel vorschiebt.
Man darf die Probleme ganz sicher nicht auf die leichte Schulter nehmen, aber sie sollten auch nicht den Blick auf die Erfolge verstellen. So scheint die Zukunft des Birkhuhns in der Rhön trotz allem gesichert. Außerhalb der Alpen gibt es kaum ein anderes Gebiet in der Bundesrepublik, in dem der Birkhuhnbestand zugenommen hat, ohne daß auch nur ein einziger Zuchtvogel ausgesetzt wurde.

Kontakte:
Naturschutz-Zentrum Lange Rhön,
Oberwaldbehrunger Straße 2, 8741 Oberelsbach

Archen

Trotz 5 Millionen Anhängern und Unterstützung durch Prominente, von Professor Grzimek bis Loki Schmidt, ist Westdeutschlands Naturschutzbewegung so erfolglos wie keine andere Strömung.« Das schrieb ein entmutigter Jochen Bölsche 1982 in seinem Buch »Natur ohne Schutz«. Und die letzten Worte auf dem Buchumschlag lauteten: »Die Arche Noah sinkt«.

Mag sein, daß der ungebremste Raubbau an der Biosphäre auch für uns in einer Katastrophe endet, doch wenn wir nicht in dumpfe Resignation verfallen, sondern statt dessen unsere Phantasie spielen lassen, und wenn wir auch den Mut aufbringen, unsere politischen, sozialen und wirtschaftlichen Verhältnisse grundlegend zu verändern, dann kann es gelingen, den anhaltend negativen Trend umzukehren. Für den geringen Preis oberflächlich kosmetischer Maßnahmen wird die Rettung allerdings nicht zu haben sein.

Die Natur- und Umweltschutzbewegung hat durchaus schon eine Menge bewirkt. Sie ist eine der Keimzellen der Veränderung. Ich sehe immer mehr Menschen, die sich am Bau immer neuer Archen beteiligen. Sie haben so mancher Pflanze und so manchem Tier eine Gnadenfrist verschafft, aber sie haben auch erkannt, daß es letztlich darauf ankommt, Bedingungen zu schaffen, die Notstandsvehikel jeglicher Art überflüssig machen. Waren es vor 20 Jahren nur wenige, die sich zu ihrer Verantwortung für die Natur bekannten, so ist inzwischen eine Massenbewegung entstanden, die entschlossen ist, für eine lebenswerte Zukunft auf der Erde einzutreten.

Vom Nistkasten zur Ökobank

Viele begannen ganz klein mit Entrümplungsaktionen im Wald und dem oft belächelten Bauen von Nistkästen. Doch schon sehr bald betätigten sich Naturschützer als Helfer in höchster Not. Sie machten auf die Gefährdung der Greifvögel aufmerksam, trugen dazu bei, daß sie vollständig unter Schutz gestellt wurden, und bewachten schließlich die Horste der Vögel, um dem Gesetz Geltung zu verschaffen. Ohne diesen

Vom Aussterben bedroht: Trotz aller Schutzbemühungen brüten nur noch wenige hundert Storchenpaare in der Bundesrepublik.

Einsatz wären nach dem Fischadler wohl auch der Seeadler und der Wanderfalke ausgestorben.
Naturschützer baggerten unordentliche Löcher in die flurbereinigte Landschaft, Ersatz für zugeschüttete Feuchtgebiete, sie stauten das Wasser in trockengelegten Mooren auf, und sie trauten sich schließlich an große, über Jahre laufende Artenschutzprogramme heran. Sie schufen dem Birkhuhn und dem Kranich neuen Lebensraum und siedelten den Bartgeier, den Biber und die Wildkatze wieder an. Sie trugen Millionenbeträge zusammen und kauften Land, um es vor weiteren Eingriffen zu schützen. Sie knüpften internationale Verbindungen und erweiterten ihr Betätigungsfeld beträchtlich. So gibt es unter den großen Natur- und Umweltschutzverbänden heute keinen mehr, der sich neben seinen Projekten des Artenschutzes nicht auch mit dem Schutz von Lebensräumen und mit der Reinhaltung von Luft, Wasser und Boden befaßt.
Darüber hinaus sind unglaublich viele neue Initiativen entstanden oder im Aufbau begriffen. Organisationen wie die Deutsche Umwelthilfe haben sich darauf spezialisiert, Finanzierungen für ökologische Projekte auf die Beine zu stellen. Inzwischen gibt es sogar eine Ökobank, die bereits im ersten Geschäftsjahr einen unerwartet hohen Umsatz von 35 Millionen Mark schaffte. Und längst bedienen sich die oft als rückschrittlich diskriminierten Ökofreaks modernster Computertechnik. Hans-Peter Dürr, Träger des alternativen Nobelpreises und Direktor am Münchner Max-Planck-Institut für Physik und Astrophysik, hat ein wegweisendes Projekt initiiert: das Meßnetz. Umweltschutz-Gruppen geben sich schon lange nicht mehr mit der restriktiven Informationspolitik offizieller Stellen zufrieden. Sie messen die Schadstoffwerte selber: Nitrat im Trinkwasser, Schwefeldioxid in der Luft, Gift in Bächen und Flüssen. Doch die Umweltdetektive arbeiten bisher vereinzelt. Ihre Tests sollen nun standardisiert und per Computer untereinander ausgetauscht werden. An ähnlicher Aufgabenstellung arbeitet auch die Association of Progressive Communications. Sie knüpft an einem weltweiten Computernetz der Friedens-, Öko- und Menschenrechtsgruppen (40).

Ökonomie oder Ökologie

»Pritzelkram ist der Naturschutz, so wie wir ihn haben«, schrieb Hermann Löns im Jahre 1911, »der Naturverhunzung dagegen kann man eine gewisse Großzügigkeit nicht absprechen. Die Naturverhunzung arbeitet ›en gros‹, der Naturschutz ›en detail‹.« Wenn der Natur- und Umweltschutz auch eine vielversprechende Entwicklung durchmacht, die bange Frage bleibt, ob all seine Initiativen rechtzeitig greifen werden. Denn die Naturverhunzung hat inzwischen wahrhaft gigantische Ausmaße angenommen. Der Ernst der Lage offenbart sich dem Vogelschützer, der erkennen muß, daß der Weißstorch, das Symbol des Vogelschutzes schlechthin, trotz jahrelanger Schutzbemühungen stärker gefährdet ist als je zuvor. Der Ernst der Lage offenbart sich Wissenschaftlern, die in der Schlußerklärung der Weltklimakonferenz von Toronto mitteilten, die Auswirkungen der drohenden Klimakatastrophe könnten nur noch von einem Atomkrieg übertroffen werden, und der Ernst der Lage beeindruckt auch die Verantwortlichen in den Parlamenten. Der CDU-Umweltpolitiker Schmidtbauer beispielsweise stellte während einer Bundestagsdebatte fest, daß das Leben auf der Erde insgesamt in Gefahr sei. Angesichts solcher Kommentare, so sollte man meinen, müßte doch eigentlich jeder zum kompromißlosen Verfechter des Naturschutzes werden. Doch weit gefehlt.

Artenarmut: Der nährstoffliebende Löwenzahn breitet sich massenhaft aus. Andere Blumen können sich auf der übermäßig gedüngten Wiese nicht mehr halten. Infolgedessen ist auch die Zahl der dort lebenden Tierarten stark eingeschränkt.

Die Landwirtschaft tut sich schwer, der Verantwortung für das ihr anvertraute Land gerecht zu werden. Über Jahrzehnte mußte der Verbraucher teuer für eine Überschußwirtschaft bezahlen, die immer neue Flächen, immer neue Lebensräume für Pflanzen und Tiere fraß und darüber hinaus beträchtlich zur Belastung sowohl von Bächen, Flüssen, Seen und Meeren als auch des Grundwassers beitrug.

Es wäre wirtschaftlich sinnvoll und für die Erhaltung unserer eigenen Lebensgrundlagen notwendig, das Land in Zukunft weniger intensiv zu nutzen. Nach der ersten, rein ökonomisch orientierten, wäre eine zweite, ökologische Flurbereinigung überfällig. Das statt dessen beschlossene Programm zur Flächenstilllegung gleicht eher einem Schildbürgerstreich. Danach ist es dem Landwirt nämlich anheimgestellt, Flächen dort stillzulegen und entsprechend Ausgleichszahlungen zu kassieren, wo das Wirtschaften nicht mehr recht lohnt. Mit den gewonnenen Subventionen kann er anderenorts dennoch weiter intensivieren. Wenn auf diese Weise wenig ertragreiche Mähwiesen ganz aus der Nutzung fallen, verlieren die auf Wiesen brütenden und ohnehin gefährdeten Vogelarten weiter an Lebensraum, und durch die konzentrierte Nutzung der verbleibenden Flächen dürfte die Umweltbelastung durch Gifte und Düngemittel noch steigen.

Bedenklich erscheint auch ein EG-Forschungsprogramm, von dem die Che-

miegiganten lukrative Geschäfte erwarten. Gelänge es, per Genmanipulation herbizidresistentes Saatgut herzustellen, dann könnte der Masseneinsatz der Gifte auf den Feldern erst richtig losgehen. Die Landwirte sollen Herbizide und herbizidresistentes Saatgut dann gleich im Servicepaket einkaufen (41).
Dabei gehen Landwirte schon jetzt nicht eben zurückhaltend mit den gefährlichen Unkrautvernichtungsmitteln um: In der Frankfurter Rundschau war ein Foto abgebildet, auf dem Menschen zu sehen waren, die vor einem Wassertank Schlange standen. Das Foto stammte nicht etwa aus einem Dürregebiet, sondern aus dem Norden Italiens. In der Lombardei mußten rund 100 000 Menschen ihr Wasser aus notdürftig installierten Tanks beziehen. Die Behörden hatten die Leitungen gesperrt, weil Herbizide ins Trinkwasser gelangt waren (42). Aus einer Meldung in der Süddeutschen Zeitung ging hervor, daß der Trinkwassernotstand auch in der Bundesrepublik droht. In rund 35 Prozent aller baden-württembergischen Trinkwasserquellen wurden Pflanzenschutzmittel in Konzentrationen gefunden, die EG-Richtlinien deutlich überschritten. Die gefundenen Substanzen stehen in Verdacht, Krebs zu erzeugen (43).

Und noch eine Meldung: Für die Wirtschaft, so teilte die Bundesbank mit, sei 1988 ein Spitzenjahr gewesen.
Es war das Jahr der Killeralgen, des Fisch- und des Robbensterbens, das Jahr der ersten Badeverbote an deutschen Küsten, das Jahr, in dem die Schadensbilanz des Waldes 52,4 Prozent der Bäume als krank auswies. Manches Wirtschaftsunternehmen setzte trotzdem auf Konfrontation. So wurde das Konzeptpapier einer Werbeagentur bekannt, die der deutschen Texaco Ratschläge für die »psychologische Kriegsführung« gegen Naturschützer erteilte (44). BP-Chef Buddenberg war auf solche Ratschläge nicht angewiesen: Er kritisierte öffentlich die angeblich überzogene Rolle der Bundesrepublik im Umweltschutz. Das könne, teilte er mit, zu Betriebsverlagerungen ins Ausland führen (45). Und noch ein dritter Fall: Während die Regierung in Dänemark beschloß, die scharfe US-Abgasnorm für Autos vorzuschreiben, ließen die deut-

Wirtschaftswachstum: Großstädte wie Hamburg drohen am Wohlstandsmüll zu ersticken.

schen Autohersteller Bundesumweltminister Töpfer wissen, daß sie nicht daran dächten, sich selber zu verpflichten, ab 1991 nur noch Personenwagen mit Drei-Wege-Katalysator auszuliefern. Der Vorschlag, meinte der Verbandssprecher der Automobilindustrie, gehe an der Realität in Europa vorbei (46).

Staatlicher Naturschutz versagt

Der Bundesumweltminister Töpfer hofft derweil auf ein Wunder. »Was wir heute brauchen«, erklärte er, »ist ein Umweltwunder, vergleichbar dem Wirtschaftswunder nach dem Krieg.« (47) Es wäre gut, wenn der Minister nun wenigstens die Ärmel hochkrempelte, um die entsprechenden Rahmenbedingungen zu schaffen. Immerhin hat er schon selber erkannt, daß der staatliche Umweltschutz zu sehr mit »Reparaturarbeiten« beschäftigt ist (48). Es fehlt die umweltpolitische Perspektive, und, um im Bild zu bleiben, es wächst die Gefahr, daß der Klempner des brüchigen Leitungsnetzes nicht mehr Herr wird.

Erstaunliche Einsichten werden auch aus dem Hause des Bundesjustizministers gemeldet. Herr Engelhard hat erkannt, daß Tiere keine Sachen sind, sondern »schmerzempfindliche Mitgeschöpfe des Menschen, für die er eine besondere Verpflichtung hat«. (49) Die entsprechende Initiative zur Änderung des Bürgerlichen Gesetzbuchs zielt allerdings nur auf das Wohl von Hunden, Katzen und Stubenvögeln ab. Haustiere sollen nicht mehr pfändbar sein, und wer z.B. einen Hund überfährt, soll in Zukunft für die gesamten Heilungskosten haften, auch wenn sie den Wert des Tieres überschreiten.

Für die wildlebenden Tiere ändert sich nichts. Als Treuhänder der vom alltäglichen Giftmord an der Nordsee besonders gebeutelten Seehunde, hatten die großen Natur- und Umweltschutzverbände 1988 beim Hamburger Verwaltungsgericht Klage gegen die behördlich genehmigte Verklappung schwermetallhaltiger Dünnsäure und gegen die Verbrennung chlorierter Kohlenwasserstoffe auf der Nordsee eingereicht (50). Vergeblich. Die Klage wurde abgelehnt. Freilebende Tiere, so stellte das Gericht klar, hätten nun mal keine Rechte, die

Bei Recht besehen: eine Sache. Die Korrektur des Bürgerlichen Gesetzbuches ist überfällig, damit Tiere wie der Seehund nicht länger als Sache behandelt werden.

etwa ein Naturschutzverband vertreten könnte (51).

Umweltpolitische Absichtserklärungen und das, was daraus wird, klaffen leider häufig weit auseinander. So bestätigt das 3. Umweltgutachten dem staatlichen Naturschutz Versagen auf ganzer Linie. Er habe, klagen die Sachverständigen in ihrer 1350 Seiten starken Arbeit, weder die Zerstörung weiterer Lebensräume und ganzer Landschaften noch das Artensterben stoppen oder auch nur verlangsamen können. Zwar sei die Zahl der Naturschutzgebiete seit 1978 von 1113 auf 2400 gestiegen, ihre Fläche aber nur von 0,9 auf 1,1 Prozent der Landesfläche. Den Trend zu immer kleineren Schutzgebieten halten die Fachleute für eine bedenkliche Fehlentwicklung (52).

Auch der EG-Umweltkommissar sieht in der Bundesrepublik keineswegs den umweltpolitischen Musterknaben: Wenn es darum gehe, die von der Gemeinschaft beschlossenen Maßnahmen zur Erhaltung naturnaher Lebensgrundlagen in nationales Recht und in die Praxis umzusetzen, dann lägen die Deutschen weit zurück. Wirtschaftsinteressen behielten die Oberhand. Allzu oft, so ist aus Brüssel zu hören, seien die Bonner mit flauen Kompromissen zufrieden, statt ihr ganzes politisches Gewicht in die Waagschale zu werfen. Die Deutschen drängten immer nur da, wo sie bei sich nichts zu ändern hätten. Sonst hielten sie sich sehr zurück (53).

Wie Politiker Natur- und Umweltschutzgesetze als lästige Pflichtübung abhandeln, wird an den Beratungen zur sogenannten Umweltverträglichkeitsprüfung in besonders krasser Weise deutlich. Das wäre endlich einmal ein Gesetz, in dem das Vorsorgeprinzip zur Geltung käme. Doch statt aus der Umweltverträglichkeitsprüfung ein starkes Werkzeug des Umweltschutzes zu schmieden, wurde die Richtlinie nach 5jährigem Tauziehen der Lobbyisten schon auf EG-Ebene sehr sparsam gezimmert. In der Bundesrepublik wird sie nun vollends abgemagert. Während der Beratungen auf Länderebene stellte sich die Niedersächsische Landesregierung an die Spitze des Rückschritts: Ihr »Arbeitskreis Rechtsvereinfachung« lehnte konkrete Maßnahmen, also z.B. das Verbot eines Projekts bei negativer Um-

Mit Beton versiegelt: Durch die Umweltverträglichkeitsprüfung wäre die Natur besser vor allzu brutalen Eingriffen geschützt.

weltprognose, entschieden ab. Die Herren Rechtsvereinfacher wissen sehr wohl, daß die Umweltverträglichkeitsprüfung unter solchen Voraussetzungen nur noch den Charakter einer Beschäftigungstherapie für unbequeme Naturschutzbeauftragte hätte (54).

Nur Mut!

Daimler Benz versucht MBB zu schlukken, Nestlé verleibt sich den Süßwarenhersteller Rowntree Macintosh ein, das Rheinisch-Westfälische Elektrizitätswerk übernimmt die deutsche Tankstellenkette des Ölmultis Texaco: 1988 war das Jahr der Unternehmenszusammenschlüsse. Mit 1159 Fusionen registrierte das Bundeskartellamt den vorläufigen Höhepunkt des wirtschaftlichen Konzentrationsprozesses. Mächtige Konzerne bewegen heute mehr Geld, als in mancher Staatsschatulle verfügbar, und viele Entscheidungen von großer ökologischer Reichweite fallen in Vorstandsetagen statt in Parlamenten. Da braucht sich niemand mehr zu wundern, daß man uns glauben machen will, unsere Zukunft hinge allein vom steigenden Umsatz der Konzerne ab. Eine solche Entwicklung, in der Politiker zu ohnmächtigen Erfüllungsgehilfen verkommen und den weiteren Verbrauch der Natur sanktionieren, führt geradewegs in die Katastrophe. Wenn Politiker in Sachen Natur- und Umweltschutz nur Lippenbekenntnisse abgeben, dann muß der mündige Bürger handeln.
Jeder hat die Freiheit, seine Beteiligung am globalen Feldzug gegen die Natur, am kollektiven Selbstmord der Menschheit, zu verweigern, und jeder hat Zugang zu Zeitschriften, Broschüren und Büchern, zu zahlreichen Initiativen, die Wege zu einem umweltgerechteren Leben aufzeigen. Das Verantwortungsbewußtsein, sich mit diesen existentiellen Fragen auseinanderzusetzen, das muß allerdings schon jeder für sich selber entwickeln. Wir sind es unseren Kindern schuldig.
Wie das Ergebnis solcher Prozesse aussehen kann, demonstrierten die Mitarbeiter der Farbwerke Hoechst. Im Namen einer großen Mehrheit der Belegschaft forderten Betriebsräte und Gewerkschafter die verunsicherte Betriebsleitung auf, die Produktion des Ozonkillers Fluorchlorkohlenwasserstoff (FCKW) einzustellen (55). Auf der nordfriesischen Insel Amrum haben Einzelhändler ein ermutigendes Zeichen gesetzt. Dort wurden phosphathaltige Waschmittel, Spraydosen mit ozonschädigenden Treibgasen, Einwegflaschen und Plastiktüten und -verpackungen schlicht aus den Sortimenten verbannt. Das Beispiel sollte Schule machen. Verbraucher, die umweltschädliche Produkte konsequent meiden, erleichtern ihrem Händler die Entscheidung. Wer darüber hinaus Lebensmittel aus biologischem Anbau kauft, tut nicht nur etwas für die eigene Gesundheit, sondern er fördert damit auch Betriebe, deren Wirtschaftsweise darauf ausgerichtet ist, die Umwelt nicht mit Düngemitteln oder Giften zu belasten.
Mit überlegten Kaufentscheidungen, mit freiwilliger Tempobeschränkung und dem Verzicht auf manche überflüssige Autofahrt wäre mehr als ein Anfang geschafft. Durch die tägliche Auseinandersetzung mit den Problemen, durch eigene Opfer sensibel geworden, werden wir auch unsere berechtigten Forderungen an Politiker sehr viel selbstbewußter vortragen können. Kandidaten, die keine überzeugenden Antworten auf die drängendsten Fragen unserer Zeit haben, werden es am Wahltag merken.

Die überlebenswichtigen Forderungen lassen sich in wenigen Punkten zusammenfassen:

1. Wir brauchen die Ökosteuer. Umweltschädliche Produkte dürfen nicht

Stummer Frühling: Ob die »Biosphäre II« uns auch die Vögel erhalten kann?

durch den kostenlosen Verbrauch von Luft, Wasser oder Boden, von Natur schlechthin, subventioniert werden. Was umweltschädlich ist, muß teuer, was umweltfreundlich ist, muß billig sein.

Ergänzend brauchen wir eine umfassende Kennzeichnungspflicht. Der Verbraucher muß selber entscheiden können, ob er Produkte mit problematischen Inhaltstoffen kaufen will oder nicht.

2. Wir brauchen das Vorsorgeprinzip. Alles was wir tun wollen, muß vorher konsequent auf seine Umweltverträglichkeit geprüft und bei negativer Prognose unterlassen werden. Wer produzieren will, muß beweisen, daß seine Produktion und seine Produkte unschädlich sind.

3. Wir brauchen eine Landwirtschaft, deren Produktion ökologischen Erfordernissen angepaßt ist.

4. Wir brauchen eine konsequente Förderung umweltschonender und regenerativer Energietechnik.

Sollte es nicht gelingen, diese Punkte durchzusetzen, dann könnte es wohl sein, daß auch Menschen bald nur noch in Archen überleben. Tüchtige Wissenschaftler basteln schon daran. In der Wüste Arizonas entsteht die »Biosphäre II«, eine kleine, abgeschlossene Welt, luftdicht verpackt in einer gigantischen Glashauskonstruktion. Noch 1989 werden sich 8 Forscher für 2 Jahre dort einschließen lassen, um völlig auf sich gestellt den Ernstfall zu proben. Die moderne Arche, so hört man, sei geeignet, um das innere Solarsystem zu kolonisieren. Sie könnte aber auch nach einem atomaren Schlagabtausch, oder wenn die Erde aus anderen Gründen unbewohnbar würde, das Überleben der Menschheit sichern. So würden in der »Biosphäre II« wenigstens jene höchstentwickelten Lebewesen Unterschlupf finden, denen die »Biosphäre I« zum Opfer fiel (56).

Literatur

1 Peter Schütt, »So stirbt der Wald«, BLV-Verlag
2 Natur 3/88, »Spiegelfechterei«
3 Altes Testament, 1. Buch Mose 6, 5–8
4 Altes Testament, 1. Buch Mose 9, 7
5 Udo Krolzik, »Umweltkrise-Folge des Christentums?«, Kreuz Verlag
6 Jörg Zink, »Kostbare Erde«, Kreuz Verlag
7 Gerhard Liedke, »Im Bauch des Fisches«, Kreuz Verlag
8 Peter Meroth, »Vorsicht PCP«, Natur 5/88
9 »Krebs auf Feldern«, Vogelschutz Heft 4/88, S. 26, Zeitschrift des Landesbundes für Vogelschutz in Bayern
10 Cassella-Riedel Archiv, Malta, 1981 Heft 1
11 Jürgen Obst, »Die Welt der Schildkröten«, Müller Rüschlikon
12 Peter Prokosch, »Arktische Watvögel im Wattenmeer«, WWF-Wattenmeerstelle, Norderstraße 22, 2250 Husum
13 Wilfried Knief, »Die Bedeutung des Wattenmeeres für Vögel«, Seevögel 1987, Band 8, Heft 2, Zeitschrift des Vereins Jordsand, 2070 Wulfsdorf
14 »Hitchcock im Fischwasser«, Mitteilungen für schleswig-holsteinische Jäger und Fischer, Heft 1/1985, S. 19
15 Bernd Struwe, »Kormoran: Als Nahrungskonkurrent schon immer verfolgt«, Veröffentlichungen der Ornithologischen Arbeitsgemeinschaft Schleswig-Holstein u. Hamburg 1985
16 Jens-Uwe Heins, »Auf der Kippe«, Natur 11/1987
17 Landesbund für Vogelschutz in Bayern, »Naturschutzanerkennung in Frage gestellt«, Presseinformation 3.10. 1988
18 Wilfried Knief, »Zur Situation von Kormoran und Graureiher in Schleswig-Holstein«, Schriftenreihe des DBV, Beiträge zum Naturschutz
19 »Barbarische Tierquälerei in Thalfingen: Jungvögel in Brutröhre elendig verendet«, Vogelschutz 4/88, S. 21, Zeitschrift des Landesbund für Vogelschutz in Bayern
20 Thomas Neumann, »Plädoyer für den Kormoran«, WWF-Report 4/1985
21 Landesbund für Vogelschutz in Bayern, Presse-Info 62/1987
22 Landesbund für Vogelschutz in Bayern, Presse-Info 33/1986
23 Petra Deimer, »Das Buch der Wale«, Hoffmann und Campe
24 W. Erz, »Jagd – ein Hobby zum Töten«, Die Welt 10.10. 1986
25 Wotschikowsky, »Vom trüben Blick der Vogelschützer«, Natur 9/83
26 H. Kalchreuter, »Artgerechte Hegemaßnahmen aus der Sicht eines Wildbiologen«, Niedersächsischer Jäger 9/1986
27 H. Spittler, »Fasanenhege aus gegenwärtiger Sicht«, Deutsche Jagd Zeitung 10/1986
28 K. Hutter, »Ein Reh hat Augen wie ein sechzehnjähriges Mädchen«, Dreisam Verlag Freiburg
29 Deutsche Jagdzeitung 3/1987, S. 52
30 Joachim Graf Schönburg, Die Pirsch 16/1986, S. 1141
31 Rolf Anderegg, »Biologie einheimischer Wildarten/Bartgeier«, Universität Zürich, Dokumentationsstelle für Wildforschung
32 Jürg Paul Müller, »Der Bartgeier«, Desertina Verlag, CH-7180 Disentis
33 Walter Brumbauer, »Hobby: Vergiften«, Natur 3/86
34 Boudouresque/Meinesz, »Decouverte de l'Herbier de Posidonie«, Parc National de Port-Cros, 50 Avenue Gambetta, F-83400 Hyeres
35 Andreas Megerle/Jürgen Resch, »Die Crau«, Verlag J. Resch, Mühlbachstraße 2, 7760 Radolfzell 16
36 Günter Sodeikat/Anke Strothmann, »Erfolgreiche Brut, Aufzucht und kontrollierte Auswilderung von Birkwild im östlichen Niedersachsen«, Tierärztliche Hochschule Hannover, Institut für Wildtierforschung
37 Reinhard Witt, »Friß Vogel oder stirb!«, Natur 9/1986
38 Bert Hauser, »Das teuerste Habichtfutter der Welt«, Frankfurter Allgemeine Zeitung vom 15.7. 1986
39 W. Schröder/W. Dietzen/U. Glänzer, »Das Birkhuhn in Bayern«, Oldenbourg Verlag München
40 Peter Meroth, »Die Umwelt Hacker«, Natur 3/1989
41 H. Osterwald, »Die Schaltzentrale des Lebens wird manipuliert«, Grünstift 1/1989, Stiftung Naturschutz Berlin
42 Horst Schlitter, »Das Gift kam von Reisfeldern«, Frankfurter Rundschau vom 30.03. 1987, S. 20
43 »Ein Drittel aller Quellen mit Atrazin verseucht«, Süddeutsche Zeitung vom 25.07. 1988, S. 6
44 »Texaco/RWE: Werbeagentur empfiehlt ›psychologische Kriegsführung‹ gegen Naturschützer«, Wattenmeer International 3/1988, WWF Wattenmeerstelle, Norderstraße 22, 2250 Husum
45 Hamburger Abendblatt 15.08. 1988 u. Pressemitteilung des Bundesjustizministeriums vom Juni 1989
46 Hamburger Abendblatt vom 24.02. 1989
47 Grünstift 5/1988
48 Hamburger Abendblatt vom 16.02. 1989
49 Hamburger Abendblatt vom 15.08. 1988
50 Stefan Lutter, »Rechtsbeistand für Meeresbewohner«, Wattenmeer International 3/1988
51 »Seehunde bleiben Beweis schuldig«, Wattenmeer International 4/1988
52 Kosmos 4/1988
53 Knut Pries, »Umweltschutz: Bonn auf der Sünderbank«, Hamburger Abendblatt vom 17.02. 1989
54 Walter Feldt, »UVP – Umweltschutz? Von wegen, Polittheater!« und »Bonner UVP: Pflichtübung ohne jeden Biss«, beide Artikel aus Natur 6/1988
55 Natur 2/1989
56 »Letztes Asyl«, Der Spiegel 44/1986

Bildnachweis

Die Zeichnungen fertigten Marlene Gemke, Germering, und Sabine Brauer, München, nach Angaben des Autors.

Die Fotos stammen von Georg von Rönn, mit Ausnahme der nachfolgend aufgeführten:

Becker, Thomas: Abb. Seite 126.
Castro, Jorge: Abb. Seite 100, 108 unten.
DBV/Richter: Abb. Seite 127 oben.
Deimer, Petra: Abb. Seite 103.
Dietzen, Wolfgang: Abb. Seite 116, 169, 171 oben.
Dirks, Uwe: Abb. Seite 68 oben.
Fischer, Wolfgang: Abb. Seite 47, 49 unten, 51.
Glader, Hans: Abb. Seite 140, 143.
Holzhausen, Jürgen: Abb. Seite 28, 121, 171 unten.
Looft, Volker: Abb. Seite 128 oben, 129.
Lüling, Armin: Abb. Seite 163.
Meyer/Blumenberg: Abb. Seite 159, 164 unten, 166 rechts.
Monachus/Deimer: Abb. Seite 99.
Monachus/GSM: Abb. Seite 105 oben.
Münch, Christoph: Abb. Seite 128 unten.
Neumann, Thomas: Abb. Seite 83.
Rösner, Hans-Ulrich: Abb. Seite 24, 68 unten.
Schaack, Ernst: Abb. Seite 92, 95.
Schulz, Holger: Abb. Seite 164 oben.
Terraqua/Tins: Abb. Seite 50.
Van de Kam, Jan: Abb. Seite 59, 61 oben, 62, 63.
Völker, Rudolf: Abb. Seite 124.
Wirtz, Peter: Abb. Seite 102.
WWF/Rösner: Abb. Seite 26 unten.